Marta Ancarani
Ana Claudia Ziraldo
Susana Tarducci
Marisel Somale

La corrección de errores

Marta Ancarani
Ana Claudia Ziraldo
Susana Tarducci
Marisel Somale

La corrección de errores

en escritos de estudiantes de lengua inglesa

PUBLICACIONES UNIVERSITARIAS ARGENTINAS

Impresión
Informacion bibliografica publicada por Deutsche Nationalbibliothek: La Deutsche Nationalbibliothek enumera esa publicacion en Deutsche Nationalbibliografie; datos bibliograficos detallados estan disponibles en Internet en http://dnb.d-nb.de.

Imagen de portada: www.ingimage.com

Editor: PUBLICACIONES UNIVERSITARIAS ARGENTINAS es una marca comercial de
Südwestdeutscher Verlag für Hochschulschriften GmbH & Co. KG
Heinrich-Böcking-Str. 6-8, 66121 Saarbrücken, Alemania
Teléfono +49 681 3720-271-1, Fax +49 681 3720-271-0
Correo Electronico: info@svh-verlag.de

Publicado en Alemania
Schaltungsdienst Lange o.H.G., Berlin, Books on Demand GmbH, Norderstedt,
Reha GmbH, Saarbrücken, Amazon Distribution GmbH, Leipzig
ISBN: 978-3-8454-6022-2

Imprint (only for USA, GB)
Bibliographic information published by the Deutsche Nationalbibliothek: The Deutsche Nationalbibliothek lists this publication in the Deutsche Nationalbibliografie; detailed bibliographic data are available in the Internet at http://dnb.d-nb.de.

Cover image: www.ingimage.com

Publisher: PUBLICACIONES UNIVERSITARIAS ARGENTINAS
is an imprint of the publishing house
Südwestdeutscher Verlag für Hochschulschriften GmbH & Co. KG
Heinrich-Böcking-Str. 6-8, 66121 Saarbrücken, Germany
Phone +49 681 3720-271-1, Fax +49 681 3720-271-0
Email: info@svh-verlag.de

Printed in the U.S.A.
Printed in the U.K. by (see last page)
ISBN: 978-3-8454-6022-2

LA CORRECCIÓN DE ERRORES

en la producción escrita de estudiantes del Profesorado en Lengua Inglesa de la UNVM

Marta Ancarani

Marisel Somale

Susana Tarducci

Ana Claudia Ziraldo

Mariana Falco

LA CORRECCIÓN DE ERRORES

en la producción escrita de estudiantes del Profesorado en Lengua Inglesa de la UNVM

ÍNDICE

"La corrección de errores en la producción escrita de estudiantes del Profesorado en Lengua Inglesa de la UNVM"

El presente trabajo aborda el error, su descripción, niveles, y diagnóstico, además de la gravedad del error y la corrección del mismo, siguiendo los postulados teóricos de Carl James en *Errors in Language Learning and Use. Exploring Error Analysis*, y las referencias a estudios de lingüistas por él citados. Es de notar que el marco teórico se aplica al tratamiento de producciones escritas de estudiantes del primer año del Profesorado en Lengua Inglesa de la Universidad Nacional de Villa María, en tres categorías de composiciones: una carta, una narración y una descripción, realizadas en el curso del año lectivo 2006.

Introducción

Es de notar que Carl James diferencia entre *error* (error), instancia del lenguaje desviada de la norma, desviación que no es intencional y no es auto-corregible por quien lo comete, y *mistake,* (equivocación), desviación que puede o no ser intencional, y es auto-corregible.

James utiliza tres criterios de clasificación del error:

- Modalidad: se refiere a la conducta del aprendiz, y puede clasificarse en receptiva o productiva,
- Medio: indica si el lenguaje producido es escrito u oral,
- Nivel: de sustancia, texto y discurso.

Nos concentraremos en el *ítem c.* es decir, errores de nivel que incluyen sustancia, texto y discurso.

Errores de sustancia

Errores de ortografía: Según Carl James (1998) un error de ortografía constituye un error de sustancia. El lingüista distingue cuatro tipos de errores mecánicos sustanciales: de puntuación, tipográficos, de dislexia, y *confusibles.*

- *Errores de puntuación:* James considera como errores de puntuación, los relacionados con la falta o la sobre-utilización de los signos de exclamación, las comillas, el apóstrofo, las mayúsculas, la coma en oraciones relativas restrictivas y el uso del punto y coma en lugar de la coma en el saludo de apertura de una carta.
- *Errores tipográficos:* entre ellos se encuentran los relacionados con la inversión en el orden de los grafemas, o la sustitución de un grafema por otro.
- *Errores de dislexia:* se refieren a aquellos mediante los cuales se selecciona mal un grafema debido a que posee el mismo sonido (**parc* en lugar de *park*).

- *Confusibles:* son aquellos errores lexicales que resultan de la combinación errónea de prefijos o sufijos, o de la elección equivocada de palabras homófonas, como el caso de *<*course*> en lugar de <*coarse*>. En tal caso el hablante las reconoce, pero no diferencia su forma escrita.

Errores de texto

Los errores de texto - palabra que, para James, designa cualquier instancia del lenguaje que resulta de aplicar las reglas de codificación, y las léxico-gramaticales - surgen de la ignorancia y la aplicación equivocada de las reglas léxico-gramaticales de la lengua. Los errores de texto incluyen los errores de lexis y los errores de gramática.

Errores de lexis

Errores formales de lexis

Entre los errores formales de lexis se mencionan:

1. La selección errónea formal (*formal misselection*). Estos errores de barbarismo (*malapropism*) incluyen el empleo de *synforms, confusibles* o *confusables* y se refieren a errores en pares de palabras o en grupos de tres palabras de formas y sonidos aparentemente similares. Entre los *synforms* se pueden identificar errores de mal uso del sufijo (*the suffix type*), errores de mal uso del prefijo (*the prefix type*), errores basados en la selección equivocada de una vocal (*vowel-based type*), y errores basados en la selección equivocada de una consonante (*consonant-based type*). Una característica significativa de los errores *synform* es que la forma del vocablo utilizado en la segunda lengua L2 existe pero su significado no siempre coincide con aquel que se desea expresar. Los sustitutos pueden ser:

- una palabra que se emplea en la L2 o *verdadero barbarismo (malapropism proper)*
- una palabra que se emplea en la lengua materna L1. Cuando se realiza una selección errónea de un vocablo cuya forma se asemeja a la de aquella empleada en la L1, se puede hablar de *selección de palabras afines erróneas* o *cognados.* Estos puede ser

incluidos en dos categorías: de *apariencia totalmente engañosa* (*totally deceptive cognates*) o de *apariencia parcialmente engañosa (partially deceptive cognates).*

2. Las malformaciones (*misformations*) o creación de "palabras" que no existen en la lengua extrajera (LE). Estos errores se pueden originar en la LE, y se los denomina interlinguales: adopciones (*borrowing*), acuñación (*coinage*) o calco (*calque*) o intralinguales originados en la L2.

3. Las distorsiones (*distortions*) o errores intralinguales, que no se originan en la L1, dan como resultado formas que no existen en la L2 y que se originan por las operaciones de omisión (*omission*), de inclusión excesiva (*overinclusion*), de selección errónea (*misselection*), ordenamiento erróneo (*misordering*) y combinación (*blending*).

Errores semánticos de lexis

Los errores semánticos de lexis son "errores conceptuales". En estos casos el estudiante emplea formas que existen en la lengua extranjera, pero cuyos significados no son los que se desean expresar. Ellos son:

- *confusión en las relaciones de sentido (confusion of sense relations),* entre los cuales se incluyen el uso de un hiperhónimo por un hipónimo, un hipónimo por un hiperhónimo, la selección del menos adecuado de dos hipónimos, y el empleo de un sinónimo incorrecto.
- *errores en las combinaciones de palabras (collocational errors)* que conllevan a la comisión de errores interlinguales. Se incluyen en esta categoría todos los errores que pueden ser considerados *errores de asociación de significado (errors of associative meaning): errores de significado afectivo (errors of affective meaning), errores de significado connotativo (errors of connotative meaning), errores de significado de las combinaciones de palabras (collocational errors) y errores de significado estilístico (stylistic errors).* Un error de tipo estilístico es el *error de verbosidad (verbosity).*

Errores de gramática

Los errores de gramática incluyen errores morfológicos – aquellos que afectan a la estructura de la palabra – y errores sintácticos, que se dan en estructuras que involucran más de una palabra. Los errores morfológicos implican una falla en la aplicación de la norma respecto de cualquier parte de los sustantivos, verbos, adjetivos y adverbios. Los errores de sintaxis afectan a textos que superan una palabra, es decir, a la frase, la cláusula, la oración y el párrafo.

Errores morfológicos

James (1998) incluye en los errores morfológicos, errores "pequeños", tales como:

- la "s" indicativa de la tercera persona del singular: omisión o ubicación incorrecta
- el indicador de pluralidad "s": omisión o ubicación errónea
- el tiempo pasado indicado por "ed": omisión o redundancia
- el tiempo continuo indicado por "ing"

Errores sintácticos

Entre los errores sintácticos, se incluyen:

a. errores en la estructura de la frase:

- en la elección u omisión del artículo de la frase nominal
- en la ubicación del elemento negativo en la frase verbal
- en el orden de los modificadores

b. errores en la cláusula:

- frase superflua
- frase omitida
- frase desordenada
- frase equivocada
- híbrido

c. errores en la oración:

- de selección de cláusula
- de combinación de cláusulas

- de consolidación
- de coordinación
- de subordinación

d. error entre oraciones (cohesión):

- de referencia
- de sustitución
- de elipsis
- de conjunción

En esta instancia de estudio, nos concentramos solamente en los errores de sintaxis que incluyen la frase, la cláusula y la oración, postergando el párrafo para una instancia posterior de estudio.

Conclusiones y aportes de las investigadoras con respecto de la taxonomía del error de James

A partir de los estudios realizados, hemos concluido lo siguiente respecto de los ítems en la taxonomía de James (1998) que

- el lingüista no considera relevante;
- el lingüista no identifica;
- se superponen con otros ítems de la taxonomía.

Errores de sustancia en la taxonomía de James

Errores de ortografía: coincidimos con la taxonomía propuesta por Carl James respecto de los cuatro tipos de errores mecánicos sustanciales

Errores de puntuación: Si bien James considera como errores de puntuación los relacionados con la falta o la sobre-utilización de los signos de exclamación, las comillas, el apóstrofo, las mayúsculas, la coma en oraciones relativas restrictivas, y el uso del punto y coma en lugar de la coma en el saludo de apertura de una carta, se consideró la recurrencia de errores en las producciones escritas de alumnos de 1° año del Profesorado en Lengua Inglesa, y en base a esos errores comunes se establecieron los análisis correspondientes. Es decir, se creyó conveniente elaborar una tabla de errores a partir de tales producciones. Dichas categorías son:

1. *Necesidad de la coma*
    - en enumeraciones
    - en oraciones relativas no-restrictivas
    - antes de nexos
    - inversión de una frase o cláusula adverbial
2. *Uso innecesario de la coma*
3. *Uso incorrecto de la coma*
4. *Uso incorrecto de mayúsculas*
5. *Punto y coma*
    - *necesidad del punto y coma*
    - *uso incorrecto del punto y coma*
6. *Uso erróneo del punto en el título, saludo inicial, saludo final (carta)*
7. *Apóstrofo*

- *necesidad del apóstrofo*
- *uso innecesario del apóstrofo*

8. *Uso innecesario de comillas*
9. *División de palabras en sílabas*

De esta manera, se trabajó con categorías de análisis de errores de puntuación diferentes a las propuestas por James, si bien aquellas se corresponden con las macro-categorías propuestas por el lingüista, a saber: errores sustanciales, gramaticales, lexicales, y del discurso. Con respecto a las demás categorías, se siguió con el análisis de errores tipográficos, de dislexia y *confusibles*, tal como los propuso James.

Errores de texto en la taxonomía de James

Error semántico en la lexis

Respecto de los errores semánticos en la lexis, y teniendo en cuenta el mal uso de hiperónimos por hipónimos, que James (1998) considera error, decidimos respetar la postura del lingüista, pero también advirtieron que la utilización de un "hiperónimo" por un "hipónimo" puede ser interpretado como producto del limitado conocimiento de la L2 con el que los estudiantes ingresan a primer año que, se espera, se ampliará a medida que se trabajan los contenidos conceptuales del programa de estudio.

En cuanto a *collocational errors,* se decidió establecer la diferencia entre *errores generales* (atendiendo a la definición de James y de Richards), y *verbosidad (verbosity),* puesto que una clasificación más detallada no reflejaría la categoría de errores cometidos por los estudiantes de primer año según su nivel de desempeño en la L2. A este respecto, pudo observarse que la imprecisión en el uso de *collocations* induce a "Spanglish" (variedad lingüística formada a partir de elementos del español y del inglés) y, por lo tanto, a cometer errores de verbosidad[1].

Error de gramática

Errores de morfológicos

- En el plano de errores morfológicos, James no contempla en su estudio las preposiciones porque considera que éstas no tienen

[1] (Richards, Jack C. and R. Schmidt. (2002) *Longman Dictionary of Language Teaching & Applied Linguistics,* England, Longman.

morfología. Sin embargo, registramos la selección errónea, la omisión y el uso innecesario de las mismas en las producciones escritas objeto de análisis del presente estudio dentro de la semántica, considerando su uso como *collocation*, o correcta combinación de palabras, puesto que los futuros docentes de inglés necesitan lograr precisión en el uso de la lengua extranjera. Por lo anteriormente expresado, registramos las preposiciones como un ítem aparte.

- En el campo morfológico, además, no se contabilizó la selección errónea de un sufijo; por ejemplo, *childhood* en vez de *<*childness*>, ya que se interpretó que el estudiante no inventa un sufijo nuevo sino, más bien, realiza una selección errónea de la forma, error que se contabiliza en la categoría de error léxico (*synforms*).

Errores de sintácticos

- Con respecto a errores sintácticos, James hace referencia a la selección errónea del artículo en la estructura de la frase. No obstante, tambien consideramos tanto el uso erróneo como la omisión del artículo dentro de la frase.
- En relación a los errores de cláusulas dentro de la estructura de una oración, en la categoría *misselection*, no sólo se contempló la selección errónea de la forma verbal, sino también del tiempo verbal para que dicha categoría no fuese tan rígida, y no considera la inclusión de algún otro error.

Diagnóstico del error

El diagnóstico del error

La descripción de los errores y la inferencia de sus orígenes son dos actividades diferentes, según Dulay, Burt y Krashen (1982:145). El diagnóstico del error trasciende la descripción: implica una explicación y un análisis de las causas de los errores. Evidentemente, la sistematicidad del lenguaje constituye una de las causas por las cuales se comete un error. Mientras el analista de errores se interesa por las causas formales a través de las cuales el error adquiere una determinada forma, el lingüista centra su atención en la causa de un determinado tipo de error.

La causa principal de los errores radica en el desconocimiento del elemento de la lengua extranjera. Como consecuencia de dicho desconocimiento, el alumno utiliza estrategias tales como evitar el elemento de la lengua extranjera o parafrasear el mensaje. Algunos lingüistas creen que ésto ocurre pues el alumno ha sido forzado prematuramente a producir mensajes en la segunda lengua.

Existen dos tipos de diagnóstico con respecto al error: primario y secundario. El primero explica la causa del error, mientras que el segundo se refiere a la forma que el error asume.

Los principales errores de diagnóstico son: *interlinguales, intralinguales, de estrategia de comunicación, y de inducción.* Los errores interlinguales se producen debido a la interferencia de la L1 en la LE. Los intralinguales están relacionados con las estrategias que los alumnos utilizan para descifrar el código de la lengua foránea. Entre los errores producidos por la elección de la estrategia de comunicación adecuada se encuentran los producidos por falsas analogías, los análisis erróneos, la aplicación incompleta de reglas, las correcciones excesivas, las generalizaciones o simplificaciones, entre otros.

Se distinguen además *errores basados en el uso de estrategias de comunicación, errores inducidos y errores compuestos y ambiguos.* En el primer grupo, se incluyen la aproximación (o el empleo de un término casi equivalente), y la "circumlocución" (o alusión indirecta al término al que pretende hacerse referencia). Los errores pueden también ser *inducidos* en la situación áulica por los materiales o textos que se utilizan y que contienen errores (*materials-induced errors*); por el discurso del/de la profesor/a con competencia insuficiente en el manejo de la segunda lengua *(teacher-talk errors)*; por los ejercicios que se proporcionan *(exercise-based errors)* y que si bien tienden a ejercitar el tema en cuestión acarrean otro tipo de errores que conllevan a la distorsión de la actitud del hablante; por las prioridades pedagógicas del/de la docente, sean estas reales o percibidas por el alumno como tal y que resultan en textos que descuidan por ejemplo el registro o el estilo *(errors induced by pedagogical priorities)*; y errores ocasionados por el mal empleo del diccionario *(look-up errors)*, ya que se pierden de vista consideraciones imprescindibles en cuanto al uso correcto *(use)* de los términos que se emplean de manera indistinta. Se consideran errores compuestos *(compound errors)* a aquellos cuyos diagnósticos son complementarios, y errores ambiguos *(ambiguous errors)*, a aquellos que pueden atribuirse a causas diferentes, pero que admiten una única reconstrucción.

Gravedad y evaluación del error

Evaluación

James (1998) remite a Scriven y su definición de evaluación como el proceso cuya función es la determinación sistemática y objetiva del mérito o valor.

La principal razón para evaluar es prevenir la obsesión con errores triviales y darle prioridad a aquellos de real importancia. Determinar la valoración de errores no significa devaluar al estudiante y a su lenguaje, sino asignar valores relativos a aquellos que realmente lo ameritan. La evaluación reúne, clasifica y verifica los valores y estándares relevantes.

Criterios para determinar la gravedad del error

Desde el punto de vista de la lingüística la principal característica 'formal' del lenguaje es su gramaticalidad. La misma nos permite ser objetivos en nuestras decisiones con respecto a la corrección o no de las expresiones del lenguaje. *La in-gramaticalidad* implica la violación a las reglas del código. La valoración de la gravedad del error se realizará, entonces, en base al criterio de conformidad.

Violación de las Reglas

Chomsky explica dicha violación en términos de dos tipos de reglas:

- *Reglas de subcategorización,* las cuales especifican qué tipos de complementos acompañan a cada clase de verbo.
- *Regla de selección:* que especifica normas tales como concreto, animado, humano, etc. La ventaja de dicha regla reside en que las características de selección se establecen de acuerdo con una jerarquía de supremacía. Cuanto mayor sea la característica violada, más grave se considerará el error.

Generalidad de la regla

Las dos reglas anteriormente mencionadas focalizan la atención en elementos individuales del léxico, de manera que las decisiones con respecto a la gramática dependen de las propiedades de las palabras. Siendo la gramática más general y predecible y el léxico más peculiar y sutil, los errores gramaticales serán lingüísticamente más graves que los errores de léxico.

La generalidad puede tener diferentes significados, llevando a considerar:

Extensión de la regla: que predice una correlación entre la gravedad del error y la proporción de la oración afectada por éste.

Dominio: una regla se aplica no sólo en un contexto, sino que en dos o más, es decir, tiene un amplio campo.

Frecuencia

La frecuencia es una característica formal del lenguaje que afecta la gravedad del error. Es una medida cuantitativa que condiciona la relevancia del error. La frecuencia como índice válido de un error puede incluir varios factores:

- *Correlación* entre el número y la gravedad del error.
- *Frecuencia de producción* del error, es decir, el número de veces que un estudiante comete dicho error.
- *Consistencia* en la producción del error, que variará según el estudiante repita siempre el mismo error en una estructura determinada, que cometa diferentes errores en una misma estructura, o que el error sea un simple desliz en una única oportunidad.

Otro aspecto cuantitativo de la gravedad del error es la *densidad*. Ésta se calcula mediante la suma de los diferentes errores que se cometen en un texto. La alta densidad de errores enfrenta al lector con un problema mayor que el de la frecuencia de producción de errores, ya que después de identificar el mismo error dos o tres veces, el lector se adapta a la aparición del mismo y de esa manera no interrumpe la lectura, mientras que la diversidad de errores tiene un efecto acumulativo de serias consecuencias ya que hace la lectura dificultosa.

James[1] distingue entre errores evidentes y encubiertos, según puedan ser percibidos por hablantes o lectores con alta competencia en el uso de la lengua. Un error será más evidente dependiendo de su frecuencia. Un tema interesante es el de la habilidad del profesor para detectar errores, lo cual evidentemente influirá en el nivel de aprendizaje de los estudiantes. James también concluye que muchos académicos con postura crítica hacia quienes analizan el error, sostienen que éstos no toman en consideración los logros alcanzados por los estudiantes.

Reconocimiento del error

En cuanto al reconocimiento del error, James sostiene que éste no es una característica de la lengua, y que mucho depende no sólo de lo que se trata de reconocer, sino de quien reconoce. James ofrece una clasificación de los cuatro puntos de vista que sintetizan los estudios llevados a cabo en los últimos veinte años sobre la percepción de la gravedad del error. En grandes rasgos, éstos demuestran que los profesores de inglés no-nativos son más severos en la corrección de errores que los nativos.

---

1 James C., Op cit. pág. 53, 68

Corrección del error

La corrección es un acto metalingüístico. Puede ser realizada por una tercera persona o bien ser ésta una autocorrección. El término se emplea para hacer referencia a

- un proceso de *feedback*, por el cual sólo se menciona la existencia de un error para que éste sea identificado y corregido por quien lo comete;
- la corrección propiamente dicha (*correction proper*) o la identificación del error cometido y su categoría, ya sea que se indique o sugiera una alternativa o no;
- la remediación (*remediation*), por la cual se proporciona información para que se reconsidere el mal uso de la regla operante, a fin de que no se vuelva a cometer el mismo error.

Esta distinción puede compararse con la tricotomía desliz < equivocación < error (slip < mistake < error), que da origen al planteo sobre qué debe priorizarse al momento de realizar una corrección. A través de la evidencia positiva o negativa proporcionada de manera directa o indirecta, los estudiantes pueden optimizar su manejo de la lengua. Se considera *evidencia positiva,* a aquella por la cual se indica la forma correcta, y *evidencia negativa* a aquella por la cual se menciona la forma incorrecta. Esta evidencia se puede obtener de modo directo o indirecto, según se nombre o no en forma explícita la forma correcta que se emplea en la L2.

Corrección: pros y contras

Lo importante en esta materia es decidir si es mejor prevenir que curar. Si prevenir es mejor, el énfasis deberá ponerse en la enseñanza. Algunos de los consejos para prevenir errores son:

- Ignorar los errores los previene, ya que el estudiante no se focaliza en los errores si éstos son ignorados.
- Exponer las estructuras ordenadamente *(orderliness of input)*: el profesor se asegurará de que los nuevos conocimientos sean practicados suficientemente y se impartan con cierta distancia temporal de otras formas similares, para evitar la asociación, que puede interferir en el aprendizaje correcto.
- Reducir el programa: enseñar poco lenguaje. De esta manera se materializará el aprendizaje en lugar del error.

El principal argumento a favor de la prevención es que, si se aprende una forma errónea, primero habrá que desaprenderla antes de poder aprender la correcta. Esto no es real, ya que se ha demostrado que las formas correctas e incorrectas pueden coexistir en el interlenguaje, dándole así su característica variabilidad.

Una posición más moderada expresa que no es necesario invertir gran esfuerzo en la prevención del error, puesto que un error no es irreversible. Concluimos, entonces, que prevenir no es mejor que curar, aunque curar no es necesariamente mejor que prevenir.

Cuando la prevención no ha funcionado y se cometen errores, necesitamos corrección, y ésta debe ser inmediata, antes que la forma errónea se almacene en la memoria a largo plazo del estudiante.

Durante algunos años la enseñanza de la gramática o la enseñanza formal explícita ha sido rechazada, en el mejor de los casos como insuficiente, y en el peor como un obstáculo en el aprendizaje de una segunda lengua. No obstante, la corrección como parte de la enseñanza de la gramática posee aspectos positivos. El linguista Paven, citado por James, sostiene que los estudiantes instruidos sistemáticamente demostraron mejor desempeño. Si la corrección es parte de la enseñanza, luego la corrección es efectiva. Asimismo, T. Picca demuestra que los estudiantes con instrucción formal tienden a producir redundancia de estructuras gramaticales, lo cual evita la pidginización de las formas en el interlenguaje. Harley considera un aspecto positivo de la corrección el que ésta evita la defosilización. Ellis observa que la enseñanza de la gramática puede ayudar a desarrollar el conocimiento explícito de la segunda lengua en monitoreo.

Para finalizar, los argumentos que favorecen la corrección son:

- Corregir los errores gramaticales mejora la producción de los estudiantes tanto de estructura, como en contenido.
- Según muestran algunos estudios los estudiantes quieren ser corregidos.
- No hay evidencias de que la corrección afecte adversamente al aprendizaje.
- Los estudiantes con mayor creatividad pueden auto-corregirse, mientras que los más dependientes no lograrían la corrección de sus errores sin el apoyo del profesor.
- La corrección es esencial en situaciones en que procesar el lenguaje es dificultoso, y por lo tanto, el estudiante no puede auto-corregirse.

- Cuanto mayor esfuerzo se requiere por parte del estudiante para corregir un error, menos rigurosa debe ser la exigencia del profesor para lograr su corrección.
- Los estudiantes de un idioma como lengua extranjera necesitan más corrección que aquellos que enfrenta el idioma como segunda lengua; en el segundo de los casos, los estudiantes son expuestos a un lenguaje contextualizado y con significado real[2].

Finalmente, los profesores nativos y no nativos de una lengua extranjera tienen distintas prioridades para corregir, normalmente determinadas por la diferencia de percepción de la gravedad del error. No obstante lo anteriormente expuesto, aún no hay certeza con respecto a la efectividad de la corrección.

Corrección de errores: opciones y principios

Las técnicas de corrección efectivas no tienen que requerir demasiado esfuerzo por parte de los profesores, y tienen que permitirles a los estudiantes lograr un mejor grado de precisión en sus producciones. La corrección no debe avergonzar al estudiante, y el profesor debe esperar un tiempo prudente para verificar si aquel es capaz de auto-corregirse. Entre las opciones de corrección, también se pueden incluir conferencias estudiante-profesor, corrección grupal o entre pares, y la corrección escrita de errores orales, o viceversa, aunque el *feedback* escrito sobre producciones escritas resulta menos traumático.

La tecnología ofrece un modo adicional de hacer que las correcciones sean menos traumáticas, si se emplea en un contexto privado, como por ejemplo, a través del editor de texto, siempre que el programa esté basado en errores auténticos que cometen los estudiantes.

Levenston[3] propone una forma diferente de revisar las composiciones de los estudiantes de lengua extranjera, ya que considera que dichas producciones se encuentran "doblemente alejadas" de las composiciones de un nativo. Levenston propone que la composición es lo que los estudiantes escribieron por primera vez; la reconstrucción de la misma en términos gramaticales, es la segunda versión, y la reformulación de términos o frases que un nativo no hubiese empleado en sus escritos constituye la tercera etapa.

---

2 James C., Op cit., pág. 248.

3 James C., Op cit., pág. 255

Reconocimiento del error

El lingüista Rod Ellis afirma que la práctica mejora el desempeño del estudiante que está aprendiendo una lengua extranjera, mientras que la toma de conciencia sobre los propios errores perfecciona la competencia de dicho estudiante en el uso de la lengua extranjera. Tal práctica puede realizarla el estudiante por sí mismo, aunque la ayuda del docente contribuye considerablemente a lograr un progreso notable. El reconocimiento de errores es una actividad que los estudiantes realizan a modo de auto-monitoreo o auto-corrección. Ellis propone ejercicios en los cuales aquellos deben detectar errores comunes a los cometidos por el grupo. Mientras algunos lingüistas objetan dicha práctica al afirmar que se corre el riesgo de fijar la forma incorrecta, otros, como Carl James, afirman que tal tipo de ejercicios permiten al analista aunar criterios con respecto a diversos "grados de error".

Conciencia Lingüística

Carl James (1998) está convencido de que si un alumno es consciente del mecanismo de su lengua materna, será también consciente de la manera en que funciona una lengua extranjera. El autor distingue entre *Language Awareness* (LA) (Conciencia Lingüística) y *Consciousness Raising* (*CR*) (Concientización) . La primera se refiere al conocimiento implícito de la lengua que ha llegado a ser explícito; mientras que la segunda hace referencia a la habilidad del alumno de explicitar lo implícito, es decir, lo que aún se desconoce de la L2. La conciencia ligüística se logra a través de la explicación (*explication*) mientras que la concientización se obtiene mediante la aclaración (*explanation*). Según James, la explicación surge de las gramáticas; mientras que las aclaraciones, de suma utilidad para los alumnos, son proporcionadas por el docente.

Interfacing es la habilidad de utilizar elementos de la L1 para transparentar cuestiones opacas de la L2. Tanto el docente de la lengua materna como el de la extranjera deben trabajar en conjunto con el objeto de destacar aquellas formas que son más disímiles entre los idiomas. Aquí juega un papel muy importante el Análisis por Contraste, pues permite al alumno detectar las diferencias entre ambas lenguas.

Consideraciones acerca de los errores de sustancia de la taxonomía de James

Sobre errores de sustancia

Se creyó conveniente elaborar una tabla de errores a partir de las producciones analizadas. Tales categorías son:

*Uso de la coma

- Necesidad de la coma en el encabezado de la carta y luego de la palabra "please",
- En enumeraciones,
- En oraciones relativas no-restrictivas,
- Antes de nexos,
- Al invertir una frase o cláusula adverbial,
- El uso incorrecto de la coma

*Uso de *mayúsculas*

*Uso de *punto y coma*

*Uso del *punto* en el título, saludo inicial, saludo final (carta)

*Uso del *apóstrofo*

*Uso de *comillas*

**División de palabras*

De esta manera, se trabajó con categorías de análisis de errores de puntuación *adicionales* a las propuestas por James, si bien éstas corresponden a las macro-categorías propuestas por el lingüista, a saber, errores de sustancia, gramaticales, lexicales, y del discurso. Con respecto a las demás categorías, se siguió con el análisis de errores tipográficos, de dislexia, y "confusibles", tal como los propuso James.

Sobre errores morfológicos

En el campo morfológico no se contabilizó la selección errónea de un sufijo; por ejemplo, chid*hood* en vez de childness ya que se interpretó que el estudiante no inventa un sufijo nuevo sino más bien realiza una selección errónea de la forma, error que se contabiliza en la categoría de error léxico (*synforms*).

Sobre errores sintácticos de la taxonomía de James:

Con respecto a errores sintácticos, James hace referencia a la selección errónea del artículo en la estructura de una frase. No obstante, consideramos el uso erróneo y la omisión del artículo dentro de la frase.

En relación a los errores de cláusulas dentro de la estructura de una oración, en la categoría "*misseleccion*" no sólo se contempló la selección errónea de la *forma* verbal, sino también del *tiempo* verbal para que dicha categoría no fuese tan rígida.

En del plano de errores, James no toma en cuenta a las preposiciones, sin embargo, registramos la selección errónea, la omisión y el uso innecesario de las mismas en las producciones escritas objeto de análisis del presente estudio, ya que aunque no se los considere como un error grave en la adquisición del idioma con fines comunicativos, nuestros futuros docentes necesitan lograr precisión en el uso de la lengua extranjera.

Carl James' Exploration of Error Analysis
Language Error: Definition and Classification

Having reviewed some of the literature on first lenguage (L1) and second lenguage (L2) acquisition, we now turn to a field of study which is unique to humans: language errors, a field which has been deeply explored by Carl James, Senior Lecturer in the Linguistics Department at the University of Wales, Bangor.

In his widely known *Errors in Language Learning and Use* (1998) Carl James posits the difference between "error" and "mistake," pointing out that *intentionality* plays a key role in defining error. *Error* is an instance of language that is unintentionally deviant and is not self-corrigible by its author. Error arises when there was no intention to make one. A *mistake* is either intentionally or unintentionally deviant and self-corrigible.

To classify errors, James uses three criteria: *modality, medium* and *level. Modality* refers to the learners' behaviour, which may be labelled as receptive or productive. James prefers classifying behaviour as "receptive" rather than "passive," since language processing is never passive. *Medium* indicates whether the language produced or received was spoken or written. If modality and medium are taken together, we are able to specify which of the skills—speaking, writing, listening or reading—the learner was operating at the time of the error. There are three levels of language to be acknowledged: the level of *substance, text* and *discourse.* The relationship between the operation of the systems and the production of errors is charted below:

1. Errors in encoding in speaking (Mispronunciations)
2. Errors in encoding in writing (Misspellings)
3. Errors in encoding in hearing (Misperception)
4. Errors in encoding in reading (Miscues)
5. Errors in composing spoken text (Misspeaking)
6. Errors in composing written text (Miswriting)
7. Errors in understanding spoken text (Mishearing)
8. Errors in understanding written text (Misreading)
9. Errors in formulating spoken discourse (Misrepresenting)
10. Errors in formulating written discourse (Miscomposing)
11. Errors in processing spoken discourse (Misconstrual)
12. Errors in processing written discourse (Misinterpretation)

(James, Carl. *Errors in Language Learning and Use. Chapter 5: Levels of Error,*1998 p. 130)

James allows for further classifications of the twelve types, considering five categories for each one of them: *omission, redundancy, misselection, misordering* and *blends.* For the purposes of the study, the research group concentrated, then, only on *substance errors* and *text errors,* leaving the third category, *discourse errors,* to be studied and analyzed in a future investigation.

Levels of errors

A. Substance errors

Misspellings (MS): “A misspelling is a substance level production error.”[1] There are four types of substance errors, referred to as “mechanical”: *punctuation, typographic, dyslexic and confusibles.* Besides substance errors, there are text and discourse errors, which “involve violations of connectivity and incoherence.”

Punctuation errors

- Overuse of the exclamation point(!)
- Misordering of closing inverted commas
- Underuse of apostrophe <s>
- Under- or overuse of capitals
- Overinclusion of a comma between an antecedent and a restrictive relative clause: *She met a teacher*, who mastered in Linguistics;*
- Misselection of colon instead of comma after the salutation in letters: *Dear Mr Thompson**: for *Dear Mr Thompson,*
- Overuse or underuse of the space between parts of compound words could be considered either a spelling or a punctuation error. Carney (1994) calls them, *splits,* as in *<to#*gether>, <out#*side>, <in#*tact>;* for *together, outside, intact;* or the inverse type, *fusion,* as in *takeaway, cashpoint.* There is, however, ap-parent normlessness in relation to this phenomenon, since these forms appear with three variants: split as in *<cash point>;* fused, *<cashpoint>*, and hyphenated, *<cash-point>*

[1] James, 1998

Typographic errors

Typos are mistakes of manual execution rather than errors of linguistic competence. Good spellers might be poor typists. Their problem is in automatizing the required temporal and spatial mechanisms that underlie skilled fingering on the keyboard. There are *spatial errors* (a key was struck adjacent to the intended one on the keyboard), and *temporal errors* (misordered typing of letters). Spacial errors can be subdivided into *horizontal, vertical* and *diagonal* (according to the letter position on the keyboard). *Temporal errors* include *reversals* (*<ht> for <th>, *omissions* (<len*th> for <length>) and anticipations (<ex*texted>) where the <t> anticipates the sixth letter in <expected>. There are fewer examples of delayed reversals selecting a letter after it is required as in<explana*nion>, instead of <explanation>.

Dyslexic errors

They take the form of a misselection from two letters that can represent the same sound in English, as [k] in *<parc> for <park>, or of a misordering, as in *<tow>, for <two>. Dyslexics also produce errors that are not MSs. Such is the case of *<deb> for <bed>, and *<adowt> for <about>, involving the reversal of the letter <b> into <d> or *strephosymbolia.*

Confusibles

They are *lexical* errors involving confusion between similar sounding morphemes and words. The most common examples are the following: *<course> for <coarse>, as in the *course/coarse fishing season; *<chords> for <cords>, as in vocal *chords/cords. These are not lexical confusions: The speaker knows two words in each case, but has failed to differentiate them in spelling. There are cases in which confusion arises in word parts such as affixes, such as the case of <conson*ent> for <consonant>; or <d*escriminate> for <discriminate>.

Text errors

The word *text* will be used in a broad sense to designate any instance of language that results from applying the rules of encoding and of lexicogrammar. As Widdowson put it: "Texts can come in all shapes and sizes: they can correspond in extent with any linguistic unit: letter, sound, word, sentence, combination of sentences" (1995:164). When it does form a unified whole, it is said to have the formal property of *texture*. In smaller texts this texture is supplied by their patterns of lexis, morphology and syntax. Large texts, in addition to using these devices, resort to sentence-linkers or cohesive ties.

Lexical errors: Classification

Formal errors of lexis

Formal misselection

This category comprises errors of the malapropism type, which Laufer (1992) calls *synforms*, Room (1979) *confusibles*, and Phythian (1989), *confusables*. These are pairs (or triples) of words that look and sound similar: *parricide/patricide, accessory/accessary*. Laufer (1992) identifies four main types of synforms:

The *suffix* type (e.g., ,consider<able>/consider<ate>)

The *prefixing* type (e.g., <com>press/<sup><press>)

The *vowel-based* type (e.g., *seat*/set, manual/menial)

The *consonant-based* type (e.g., prize/price, ledge/pledge)

The crucial feature of the synform error type is that a real existent word is used. This substitute resembles the target word in form but not necessarily in meaning, though it might do so accidentally. The substitute can be either

- A target language word (TL) (true malapropism); for example, *He wanted to *cancel (√conceal) his guilt.* The substitute is lexically wrong but of the required part of speech–a verb.

and
*It was a *genius (genuine) diamond.* A noun is substituted for an adjective, so that there is a *concomitant* grammar error also.

- A mother tongue word (MT)

Where the misselection is motivated by the formal resemblance between the target language word (TL) and a mother tongue wore (MT) (an interlingual mis-equation), we talk of *false friends* or *deceptive cognates*:

*Can I *become (get* ← German "bekommen") *a beefsteak?*

*I think Senhor is *constipated* (caught a cold ← Portuguese "constipado").

According to Granger (1996) cognates can be:

- *totally deceptive cognates* (e.g. French *fabrique* (*"factory"*) and English *fabric* meaning *"cloth/material"*; or French *expertise* ("expert's assessment") and English *expertise* ("skillfulness");
- *partially deceptive cognates* (technically called *divergent polysemy*) (e.g. the French/English pair *fatal/fatal* "where the French word has more meanings than its English equivalent").

Misformations

These errors produce "words" that are non-existent in the FL. They can originate in the MT–interlingual misformation errors. There are three types:

- *Borrowing*, if the MT word is used in the TL with no perception of any need to tailor it to the TL: *I shoot him with gun in *kopf* ("head" ← German L1 *Kopf*).
- *Coinage*, if the new word (derived from L1) is tailored to the structure of the TL, presumably because the learner thinks there is a trusty friend: to **massacrate* (massacre) the victims; ... who **preconizes* ("defends," ← L1 Spanish *preconizar*); smoking can be very **nocive* to health ("harmful," ← L1 Portuguese *nocivo*); one is here **insered* ("included," ← L1 Portuguese *inserido*); these **mortific* wars ("bringing death," ← L1 Portuguese *mortiferas*).
- *Calque*, if the L2 word created is the result of literal translation of an L1 word, e.g. **baby car* ("pram," ← L1 Spanish *cochecito de niño*); **sleep suit* ("pyjamas," ← L1 Geman *Schlafanzug*). Calquing can be applied to a whole lexical phrase, e.g. *They have *made the same experience* ("had the same experience," ← L1 German *dieselbe Erfahrung machen*); or

They can be created by the learner from the resources of the TL itself.

Distortions

These are *intralingual* errors–errors that do not originate in the MT. The outcomes are forms non-existent in the TL. They result from the misapplication of one or more of the following processing operations:

- *Omission:* e.g., *int(e)resting*
- *Overinclusion:* e.g., *fresh(er)men, din(n)ing room;*
- *Misselection:* e.g., **delitousedelicious;*
- *Misordering:* e.g., *littel* (little), *ferporate* (perforate);
- *Blending:* e.g., *the depths of the ocean* (depth + deeps)

Semantic errors of lexis

These are "conceptual" errors in lexis, where learners use forms that exist in the TL, but these forms do not represent the meaning they want to express.

Confusion of sense relations

The major types of errors are:

- Using a more general term where a more specific one is needed (*superonym* for *hyponym*). The result is an underspecification of the meaning:

  *The flowers had a special*smell (√scent/√perfume).*

  *The village women *washed (√scrubbed) the steps.*

  Capitalism ... made America big (√great/√powerful).*
- Using too specific a term (hyponym for superonym):

  *The *colonels (officers) live in the castle.*
- Using the less apt of two co-hyponyms:

  *... a decision to *exterminate (eradicate) dialects.*

  *She is my *nephew.*
- Using the wrong one from a set of near-synonyms:

  *... a *regretful (√penitent/√contrite) criminal or sinner ...*

Room (1981) calls such near-synonyms or assumed synonyms *"distinguishables."* They are not true synonyms like *serviette/napkin, lift/elevator* or *harmonica/mouth organ.*

Collocational errors

Transfer of L1 collocations leads to *interlingual errors.* In German, the adjective *hoch* collocates with the nouns *Risiko* (*risk*), *Alter* (*age*), and *Summe* (*amount*), while by contrast, in English only the combination *high* *risk* is idiomatic–cognateness of the adjectives *high/hoch* contribute to the assumption they collocate in the same way in both L1 and the FL; perceived partial equivalence induces such collocation violations: *hohes Gebäudes = high building* invites the (over) generalization that **high age* is also possible. All sorts of errors involving what Leech (1981: chapter 2) calls *associative meaning* fit the category: errors of affective meaning, of social meaning, collocative meaning, and of stylistic meaning. One stylistic type of error is the error of *verbosity,* for example:

I informed my girlfriend of the party ?through the ?medium of telephone.

I pretended to be ? under an ?attack of ?fit.

The contemporary trends of users and publishers alike are demanding that lexicography advances towards providing varieties of information within dictionaries' volumes that require less time to check or read.

What Shaw (1975:vii) calls *wordiness* seems to reflect insecurity on the user's part.

Grammar Errors

Morphology errors

These errors involve a failure to comply with the norm in supplying any part of nouns, verbs, adjectives, and adverbs. For example, *six book*,* or, *was drink*en* (√-ing), a *colourfull*er scene,* and visit me *soon*ly,* respectively. Since prepositions have no morphology, they are excluded from the category.

According to some researchers, morphological errors are "small errors"(Shaughnessey, 1977:90; Zoila, cited in Shapira; 1978, Ch. 1). The most important of these errors, basic but persistent, are third person singular *-s,* plural *-s,* past tense *-ed,* and progressive *-ing.*

1. Morphological marker of third person singular *-s*

Third singular *-s* is suffixed to lexical verbs *(drinks)* and to auxiliaries *(has, is, does).* Examples: *They do what √ pleases them which *make life great.*

2. Morphological marker of plurality *-s*

a. The plurality marker *–s* appears redundant when preceded by numerals and quantifiers, for example, **six book.*

b. It may also appear to be overincluded in phrases such as **every teachers.*

c. It may appear omitted in phrases such as *One of my friend**.

3. Past tense *-ed* may be either omitted or overused.

a. If there is a past time adverb in the sentence, it is probable that *-ed* will be omitted, for example, *Yesterday I *walk to school.*

b. Some learners may also make false analogies and produce *Can walked,* following the rules of auxiliary have + verb steam (*walk*) + *-ed* which can be combined to give *Have walked.*

Syntax errors

Syntax errors are those that affect texts larger than the word, e.g., phrase, clause, sentence, and paragraphs. Errors to be identified are phrase structure errors, clause errors, sentences errors, and intersentence errors.

1. Phrase structure errors involve violations in the internal relations between parts of phrases using the tripartite structure: modifier + head + qualifier. For example:

*(He is) *a cleverest boy in the class.* Misselection of the article in a noun phrase.

*(He) *no can swim.* Misselection and misordering of negator in a verb phrase.

*That *fat big fish (is the mama fish).* Misordering of modificators (m2 and m3) in a noun phrase.

2. *Clause errors* involve whole phrases in the structures of clauses. For instance,

In *He shaved himself *the beard,* the phrase in question is superfluous.

Phrase is omitted: *Give *[NP] to the dog*

Phrase is misordered: *Watson sent [to him] the letter*

Phrase is misselected: *He seems *[crying /√to cry]*

Phrase is a blend or hybrid: **You would be most likely get (first prize).*

3. *Sentence errors* involve then selection and combination of clauses into larger units. Whole clauses can be blended, for example:

*Lightfoot for example argues that it is only in terms of a hierarchical analysis like (26) *can we account for the ungrammaticality of the construction in (25).*

Other sentence errors are *consolidation* errors, comprising *coordination* and *subordination errors* (Shaughnessy 1977:55). As regards coordination, the rule is that only syntactic equals can be joined; attempts to conjoin unequals lead to broken coordination, as in

They believe [they can become leaders in their field$_1$] and *[a good secure job$_2$]. The Two conjuncts are not equal*

A tricky sort of subordination is relative clause formation. Take the examples:

a) Gandhi, who led the independence movement in India, was a politician.

b) Gandhi, who was a politician, led the independence movement in India.

Both sentences contain the same information but offered in a dif-ferent way. In sentence a) what matters is that Gandhi was a politician, while in sentence b) the focus is on his having led the independence movement in India. The decision to determine which of the two is right will depend on the context, and on what point the writer attempts to make—which leads us to the discourse level.

Diagnosing error

Dulay, Burt and Krashen (1982:145) advocate that describing errors and inferringwheretheycomefromaretwodifferentactivities. Traditionally, lan guage analysts have only considered the learners' output as evidence, even though there has been a move towards suggesting to students that they give introspective data as supplementary information, which, in fact, has greatly contributed to the analysts' understanding of FL learners' mentality.

Diagnosing errors goes beyond description and calls for explanation, that is, analysing the causes of errors. Obviously, the systematicity of the language is one of the causes of learners' errors. If a language does not have any rules, then it is impossible to learn. It is also true that learning "cannot be gradual or cumulative"(Bally, 1937). As Corder puts it, "In a sense, nothing is 'fully learnt' until everything is 'fully' learnt" (1973: 283). That a language is sys-tematic is proved by the fact that most of learners'errors are systematic. If, for instance, they overuse the determiner *the,* it is more likely that they underuse the corresponding indefinite article *a.*

The error analyst is concerned with the question, "What causes errors to have the forms they do, and not other forms they might have had?"(James, 1998). In other words, the EA focusses on the formal cause of errors, while linguists are concerned with the cause of such form of error.

Ignorance and *avoidance:* The main cause of error is ignorance of the TL item aimed. We refer to *transfer error* when the learner borrows an L1 substitute due to ignorance; and *L1 interference mistake* in cases in which the learner knows the target element but fails to access it, and turns to an L1 substitute.

The phenomenon of *avoidance* can be clearly attributed to ignorance–the learner does not know a TL item, so he turns to L1 for a substitute. In this particular case the learner is doubly ignorant since he ignores the TL word and the L1 substitute; therefore, he "avoids" the word in question.

Following this stage of avoidance is silence, “to topic-avoid,”(James, 1998) or to find some alternative way of expressing what he means. The student may turn to the communication strategy of paraphrase in the form of *under-representation,* and circumlocution in the form of *verbosity or vagueness.* A number of authors have suggested that errors of avoidance are mainly caused because the learner has been forced into premature production of TL forms that have not been learnt yet.

Even though ignorance is the ultimate cause of error, diagnosis in itself falls into two categories: *primary diagnosis* and *secondary diagnosis.* The former explains the cause of errors, while the latter refers to the form that errors assume. Corder (1981, 1983) distinguishes between *borrowing* and *incorporation.* The first relates to an item used "for immediate purposes" for use in IL communication; the second happens when the borrowed element is accepted by the interlocutor and incorporated into the learners’ L1.

Regarding the main diagnosis-based categories of error, four groups are highlighted: interlingual, intralingual, communication-strategy, and induced errors.

Interlingual errors (mother-tongue influence)

Contrastive Analysis (CA) maintains the hypothesis that items that are similar in the L1 and the FL will be easier to learn than those that are different. In the first case, the learner benefits from similarities, while in the second, he encounters interference. According to Jackson (1987: 101) “interference happens when an item or structure in the second language manifests some degree of difference from, and some degree of similarity with the equivalent item in the learner’s first language.” Clearly, Jackson equates L1 interference with contrast, not difference; that is why *contrastive* and not "difference" analysis is carried out.

Let us refer now to the concept of *markedness.* In Universal Grammar theory, "parameter" is a notion which considers L1 acquisition as involving “children being on the lookout for clues as to the nature of the language used around them.” They know that languages drop or retain subject pronouns. Portuguese, a PRO-Drop language, allows *quiero* (*I want*)*; while English does not. So **want* is ungrammatical in

English. The prediction would be that the Portuguese will tend to err in English by dropping the pronoun *I,* by saying **want,* and the EL1 learner of Portuguese by saying **Eu quiero,* which here is an emphatic form of "*I* want." The matter is related to the notion of *markedness.* There is a tendency for "linguistic phenomena to occur in binary oppositions, marked versus unmarked member. The *marked* member of each pair is more uncommon, more complex and quote more focused than the unmarked." It can be inferred, then, that the marked option will be more difficult to learn. Universal Grammar determines that parameters should be set as *unmarked,* until it is otherwise suggested.

Eckman (1977) holds the theory that a TL item will be hard to learn if it differs from the L1 form, *and* if the TL form is marked. He refers to the difficulty in transferring the form from one language to the other, which will result in error. On the other side, those learners whose L1 and TL forms are different, but whose L1 form is marked will not make the negative transfer to an L2 where *that* element is unmarked. Thus, they will not make this type of interference error, which does not mean they that they can not commit other types of errors. There are two sorts of *interference: intrusive,* when the learner attempts transfer, but without success; and *inhibitive* interference, when the learner decides not to transfer from L1, but to keep silent instead.

Intralingual errors (target language causes)

Learners who ignore a TL form either set about learning the needed element, or they resort to a communication strategy of any sort. Learning strategies are used for code-breaking while communication strategies are used for encoding and for decoding. These two types of strategies can be sources of error. We can list them as follows:

Learning strategy-based errors

1. False analogy: In their attempt to pluralize *child,* learners add an "s" *(*childs)* as in *boy- boys,* and thus, they make a mistake. George (1972) calls it *cross-association.*

2. Misanalysis: Some hypotheses simply do not work because they are unfounded. For example, in the sentence *They are carnivorous plants and *its name comes from . . .* the Portuguese learner has falsely hypothesized the plural form of *it* by adding an *s*, ignoring the plural form of the pronoun. In Portuguese the third person singular pronoun *ele* is pluralized *eles* (*them*).

3. Incomplete rule application: It can also be referred to as *under-generalization*, as opposed to overgeneralization. The strategy is that of simplification as in the case of *Nobody knew where *was James,* in which the learner has omitted to invert subject and verb.

4. Exploiting redundancy: Some students overelaborate the TL and lapse into verbosity and babu. E.g., *Every day with great expectation I looked for the mail but am very solely disappointed . . . Unless all formalities are finished no one will deem my completing the course* (from the letter of an advanced learner).

5. Overlooking co-occurrence restrictions: A typical example is to ignore the fact that some verbs like *enjoy, love,* are followed by a gerundial complement: *I would enjoy *to learn (√learning) about America.* Another example is: *People in America live more *quick than we do.* This is a case of double error because *quick* is assumed to be a synonym for *fast (fast food/ *quick food),* and through oversimplification it is take for granted that *quick* can function as adjective and as adverb, as *fast* can.

6. Hypercorrection (monitor overuse): Sometimes learners suppress a potential L1 form for fear of being wrong, as in the common case *of seventeen year*s old girl.*

7. Overgeneralization, or system-*simplification*: In this particular case of strategy the learner overindulges in the use of one of two elements of a pair, as for instance, the use of that to the exclusion of *who*. Similar overgeneralization happens in the use of one of the alternatives *other/ another, much/many, none/neither, some/any* among other *confusibles.* (James, 1998)

Communication strategy-based errors

1. Holistic strategies or *approximation* refer to the learner's assumption that if the required form is not available, it must be correct to use another

near-equivalent L2 item which they have learnt. It takes on a number of forms:

TL–based communication strategies include:
• using a near synonym : * *credibility for* √ *truth*
• using a superordinate term: **fruits for* √*blackberries*
• using an antonym or opposite: **not happy for* √*sad*
• coining a word: *Until you be unconscious to lose your *sensities* (√*senses).*

L1–based comunication strategies incluide:
• Language switch: *I go to my . . . room, inside to *cambina (√cabin).*
• Calque: this is a literal translation into L2 of the L1: to find . . . **rest* (√*change) for the ticket.*

2. Analytic strategies or *circumlocution* express the concept indirectly, by allusion rather than by direct reference. Here is an example by a Greek student trying to express the concept of *decompression chamber* in EL2:

The big . . . medical . . . thing . . . you go inside and they put air, press air . . . Yes . . . you go down for your ears, they test.

Induced errors

Induced errors result from the classroom situation or from students being misled by the ways in which the teachers give definitions, examples, explanations and arrange practice opportunities.

Materials-induced error

Examples drawn from coursebooks:
*By my watch it's five past eleven, but I *think it isn't right/√don't think it's right.*
*My birthday is on the *twelfth/√twelfth of March.*
*He is *a/√ø Chinese . . .*a Portuguese . . .*a Swiss.*
*What's the weather like in autumn? Many people *are wearing/√wear raincoats and *are carrying /√carry umbrellas.*

Mother: I suggest you give her a record.
*Son: Oh, that's a good idea mum! That's what I *am going to/√'ll give Betty.*

Teacher-talk induced error

Examples noted in the EL2 of a group of Brazilian teachers:
*I will do this in order *to/√that my students perceive well the difference.*
In order to become learning meaningful/√for learning to become meaningful...*

Exercise-based induced errors

1. Examples drawn from textbooks:
Produce a complex sentence using *if* or *unless*:
I can't afford a new car. I shall win the lottery. This may yield:
**Unless I can afford a new car I shall win the lottery* (the students having been told that *unless* is equivalent to *if . . . not)* instead of √*I can't afford a new car unless I win the lottery.*

2. Another example of sentence combination asks learners to convert each pair of simple sentences by converting one of them into a relative clause using *who, which* or *where* as appropriate.
Some students made the following combinations:
*Alfred Hitchcock was born in 1888 in London and trained at St. Ignatius College as an engineer, *who became an American film director* (overgeneralization derived from direct positive evidence of extraposition contained in the textbook).
*Watt, who was an engineer, invented a steam engine which *it had a special part* (redundancy or overmarking–retention of the personal pronoun).

*Watt was born in Scotland, where he made his first experiments *there* (redundancy or overmarking–retention of the place adverb).

Shakespeare who was born in Stratford was a writer* (disregard of the distinction between defining and non-defining relative clauses).

Another problem detected derived from indecision about what information is to be assumed as "given" as opposed to "new" in the complex sentence:

a. Ghandi, who led the independence movement in India, was a politician.

b. Columbus, who crossed the Atlantic in 1492, was an explorer.

c. Shakespeare, who was born in Stratford in 1567, was a writer.

d. Einstein, who was born in Germany in 1879, was a great physicist.

What characterises Ghandi and Columbus is that they *led the independence movement in India* and *crossed the Atlantic in 1492* respectively (given information). But Shakespeare's claim for fame was not that he *was born in Stratford* nor did Einstein win his Nobel Prize for having been *born in Germany*. If the common nouns *politician, explorer, writer* and *physicist* were specified as the "new" part of the predicate, sentences *c.* and *d.* would be fine, while *a.* and *b.* though not ungrammatical would be pragmatically inappropriate to the communicative intent of the writer. Information in *a* and *b.* is differently organised and linearised from that in *c.* and *d.*

3. Title: *Elvis Presley*. First sentence:

When asked to write down 10 facts about a famous personality, and then to combine the facts using relativising elements, students produced the following: *He was an actor and singer who ...*

The title was assumed to be rhematic (or "new"), so that the first in-text citation of the person named in the title was assumed to be thematic, familiar, and therefore pronominalizable.

In the other cases, participalization was overgeneralized to passives, due to lack of explanation that the voice of a participialized lexical verb used as a linking device had to be active voice:
*Marie Curie ... became the first female lecturer at the Sorbonne, *appointing as professor in 1934.*
*... was born in 1926, *educating in the role of constitutional monarch by her father.*
*... from 1857 to 1868, during *which (√time) he abolished slavery.* (Overgeneralization of *after which* relativization.)
Relative pronouns that are simultaneously complements of prepositions caused a lot of trouble:
*... six hundred paintings, *where /√among which many were of himself.*
*... has written books on marital law, *where/√on which he also gives lectures ...*

*... scores of brilliant films *which most of them/√most of which were psychological thrillers.*
*... he was the first man *who invented/√to invent the telephone ...* (*invent* is inherently semelfactive: you only invent something once).
... Elvis Presley (√) who, became a legend in his lifetime* (error of misplacement of the clause boundary marked by the comma, which was caused by copying).

Describing a Hollywood star, the claim is made that *One of his favourite wives was Ava Gardner* (sociopragmatic error, this sentence is probably acceptable in a polygamous society).

Errors induced by pedagogical priorities

Students' achievement tends to match other teachers' expectations of what they will achieve. It is also the case that students develop insights into what pleases the teacher or what the teacher prioritizes. Yet the learner's perceptions of the teacher's priorities might be ill-founded, or the teacher may be following syllabus guidelines or examiners' biases. The following is a composition by a Singaporean child after six years of English–idiomaticity is at premium:

> Ann is a pupil who is unpopular with the other pupils. . . . Once Fatty was reckless and stepped her shoes. She scolded Fatty was [as blind as a bat]. And other pupils said that she was [as proud as a peacock]. . . . I tried to be friendly to her. Firstly I assisted her in her Chinese, because she was [as poor as a church mouse] at it. . . . At first she remained [as cool as a cucumber] and later she became [as good as gold] . . .

Look-up errors

Learners seem reluctant to read the user-instructions included in learners' dictionaries and grammars, and frequently misuse their reference aids. For example **dictionary* used to translate L1 items where √*word list* or √*glossary* is appropriate.

Compound and ambiguous errors

A *compound error* is ascribable to more than one cause, which operate either simultaneously or cumulatively, that is, the two *diagnoses* are complementary, e.g.

*My watch does not *walk well.* (lexical and phonological cause, each reinforcing the other). The learners L1 is French, and a back traslation of the EL2 utterance is:

Ma motre me marche pas bien. ("to work" corresponds to *marcher*, but *marcher* also translates *march* as well as its synonym *walk*).
work/w3k/ and walk/w k/ are phonological confusibles to a learner.

An *ambiguous* error is slightly different in that there are two competing diagnoses; e.g., ... *having explain*/√ed my motives* ...

We know for sure the writer intended the second of these: the ambiguity resides in the diagnosis, not the reconstruction. Either the cause was phonological, or the learner might believe that an infinitival form is required in this construction. This belief/hypothesis could have been prompted by analogy with the parallel construction *having to explain*. These two constructions could not have been simultaneously intended, so the source of the error is ambiguous.

Error gravity and error evaluation

Evaluation

Evaluation is described by Scriven as "the process whose duty is the systematic and objective determination of merit, worth or value" (1991:4). Scriven proceeds to describe the science of evaluation, pointing out that it must "destroy the intellectual foundations of the doctrine of value-free science"(1991:2).

The main reason for evaluation is to prevent obsession with trivial errors and give priority to the ones that real matter. Passing judgement on errors is not a matter of devaluation of learners and their language, but rather one of assigning relative values to errors, errors which merit attention that is, those which we should notice. Evaluation "collects, classifies and verifies relevant values and standards" (Scriven 1991:5).

We shall limit our attention to forms that are judged deviant, and try to establish what degree of deviance or gravity they are seen as representing.

Criteria for error gravity (EG)

From the point of view of linguistics the principal "formal" feature of language is grammaticality. Appeal to grammaticality is an attempt to be objective, to take decisions such as whether some bit of language is inerroneous or not out of human whim. Ungrammaticality involves "breaches of rules of the code." Judgments of EG made on this basis are those based upon the criterion of conformity.

Rule infringement

Chomsky (1965:148ff) had suggested that formal deviance could be explained in terms of the breaking of two sorts of rules:

- *Subcategorization rules,* which exist to specify what kinds of complements each verb in the language takes.
- *Selectional rule,* which specifies norms as concrete, animate, human, count, etc. An advantage this rule offers is that it gives some guidance on relative EG owing to the fact that the selectional features are ranged along dominance hierarchy–the higher the feature violated, the more serious the error.

Rule generality

The two rule-types of selection and sub-categorization have the effect of focusing attention on individual lexical items, making grammar decisions on the basis of word properties. If grammar is more general and predictable, and lexis more idiosyncratic and fine-grained, it may be derived that grammar errors are more serious linguistically than lexis errors. As Di Pietro put it: "the seriousness of error making is a function of the generality of the rule"(1971:163).

Grammar rules are more general than lexical ones because the former apply to a larger number of instances than the latter.

Generality can have different meanings:
Rule range: It predicts a correlation between the EG and the proportion of the sentence that is distorted: Misordering of major sentence parts is more serious than that of small constituents.
Scope: This means that a rule applies not just in one context but in two or more different contexts: it has a wide scope. A learner who commits an error in one context is likely to do so in the other, related, context/s, too.
Concomitance: The learners who commit error a) are likely *as a result* to produce error b) due to plausive but false assumptions about certains structures in their L1.

Frequency

Frequency is a relevant formal feature of language which influences EG. Frequency is a quantitative measure, and its use presupposes that we know what and how to count relevant incidences of error. Frequency as a valid index of the gravity of an error, may mean several things (Olson 1977:31):

Correlation: Between number and seriousness of error.

Production frequency: The number of times that a particular learner commits the error in question.

Consistency: EG will vary according to whether the learner gets wrong the same structure every time *(*I want that you drive)*, or produces different errors in the same structure *(*I want that you drive /* I want you drive)*. A third case would be that of a learner who really knows the TL form and 50% of the time makes mistakes.

Another facet of frequency is linked to *frequency of use* by native speakers. If a native speaker (NS) frequency count reveals that in formal written English cleft sentences like *What we need is love* are less frequent than *We need love,* or the verb *drive* is less frequent then *go*, and we find these errors in a non-native speaker (NNS), one might argue the validity of EG on the grounds that the learner has had more exposure to the frequent forms and more opportunity to acquire them, but something has gone wrong and an urgent signal is called for.

Another quantitative aspect of EG assignment is error *density*. Density is calculated by counting how many different errors occur per unit of text, while production frequency is a measure of how many times the same error is repeated over a hundred words of text. High error density presents the listener-reader with a greater problem than production frequency, since when a particular error has been encountered once or twice, one has learnt to accommodate it, and to make adjustments in one's reading. Though each particular error may *per se* be a straightforward one, the problem is the variety of errors. The overall effect or cumulative effect is dire.

Noticeability

As regards noticeability, a distinction can be drawn between *overt* and *covert errors.* James supports that *overt errors* are likely to be *noticed* by listeners or readers whose competence in the language is relatively high, written errors being more likely to be noticed than spoken ones. This is so because we expect fewer errors in written forms, which can be edited, while errors in speech can not be unspoken once committed.

Covert errors are not only those that go unnoticed, but also those that are by nature unnoticeable.

An error will be noticeable depending on its *frequency.* This would lead to argue that high frequency is an extreme case of the overtness of error. Does this imply high gravity? The issue takes us to the communication process and to the fact that a message may be ungrammatically formulated and may achieve its communication purpose vs. a grammatically perfect formulation that fails to communicate. Relating this to noticeability, it could be concluded that in life-or-death situations we do not bother about grammar errors.

Another interesting thing to take into consideration is the ability of teachers to notice errors. In this regard, Legenhausen's (1975) study of errors in a marked written German level students' work revealed the level of teachers' *recognition* of errors as disturbingly low. He even discovered regional differences of teachers' ability to spot error, a discrepancy which will surely influence learning outcomes since not only will some students be more leniently assessed than others, but they will also enjoy less corrective feedback from the same teachers.

Carl James also makes us aware of the fact that critics of EA point out that in general, teachers only notice errors and overlook achievement, which is an interesting remark for teachers to take into consideration in their teaching practice.

The irritation factor

Errors will tend to cause irritation when they have sociopragmatic and pragmalinguistic consequences, that is to say, when it is social norms that are violated rather than merely languages rules.

Viewpoint

As regards noticeability of errors, James finally supports that it is not a property of language. He argues that some of us are more tolerant, less observant, more pedantic and less irritable than others, so noticeability is variable, depending not only on *what* is being observed abut also on *who* is doing the observation. Page (1990:106) insists that the right perspective to take on error is that of the "sympathetic native speaker."

James offers a chart showing the four viewpoints that summarize empirical studies carried out in the last twenty years that illustrate attitudes towards foreign language EG as registered by NSs and NNSs of the FL.

1. +NS + T (The native speaker teacher)
2. +NS - T (The native-speaker layperson)
3. -NS + T (The teacher who has had to learn the language herself)
4. -NS - T (The foreign user of the language who is not a teacher

For the purposes of the present study, carried out in an EFL context, the conclusions of several case-studies from reputed scholars that can help throw light on the research are the following:

• James, (1977) on ten NNSs and ten NSs teachers of EL2 rating errors, yielded that NNS teachers tended to mark more severely, and discriminated "more finely" than NS teachers (Schmidt :1993). Schmidt arrived at similar conclusions in a study on a Japanese environment; so did McCretton and Rider (1993).

• Santos (1988) compared ratings given by English NS and Japanese NNS teachers to compositions of two learners whose L1 were Japanese and Korean respectively, and proved that NNS teachers were more severe in their judgment than their NS counterparts, even though the study addressed more issues than EG.

• Kobayashi (1992) also analyzed English NSs and Japanese EL2 rating EG and proved NSs were more strict in terms of judging grammaticality, even though, when analyzing the *relative* proficiency of her NNS jugdes (H=high; I=intermediate; L= low) the conclusions led to suggest that H nonnatives can be close to NSs in their EG judgment.

• Birdsong and Kassen (1988) concentrated not on the relative French L2 proficiency of teachers but on the differences between high and low proficiency *students* of French, concerned as they were with whether learners share judgments of EGs with their teachers. Their study involved judgments by NSs and NNSs of the L2 French. Its conclusions contradicted previous studies, since in Birdsong and Kassen's study NSs prove to be more severe than their counterparts.

Error Correction

Correction is a metalinguistic act, since it is a comment on language. Correction can be made by someone else other than the language learner or by the language learner him–or herself, in which case we speak of *self-correction.* The term *correction* has been used in three senses:

- *Feedback,* or informing the learners that there is an error, and leaving them to discover it and repair it themselves.
- *Correction* proper, or indicating that the present attempt is wrong, specifying how and where, suggesting an alternative, giving a hint. This is aimed at product enhancement.
- *Remediation,* or providing learners with information that allows them to revise or reject the wrong rule they were operating with when they produced the specific instance of error (or error *token*). The result will be to induce learners to revise their mental representation of the rule, so that this error type does not recur.

Prabhu (1987) distinguishes between *incidental* and *systematic* correction, and Hammerly, (1991: Ch. 9) between *surface* and *deep* correction of errors.

We could further distinguish these types of intervention in terms of *diagnosis.* When we give feedback we do not specify in what ways or for what reasons the form students have written is ill-formed. When we do *correction* we also indicate in what ways, describing the nature of the wrongness. When we do *remediation* we try to explain why the error was committed (we might do it privately, collaboratively, or leaving the learners to discover the diagnosis themselves).

The distinction between feedback, correction and remediation parallels other distinctions. The first is the *slip* versus *mistake* versus *error* trichotomy. James supports that although Corder may have had the word *slip* in mind, he said about mistakes: "We are normally immediately aware of *them* when they occur, and can correct them with more or less complete assurance". With *slips* there is *feedback* from one's self–a feeling that what one has said or written is wrong. *Mistakes,* by contrast, are self-correctable only with the benefit of feedback. Knowers have to tell learners that they are wrong but do not have to specify in what respect. When the system is relatively simple, this will usually be enough to cause the learners to search for an alternative hypothesis. For example, telling them that **speaked* is wrong triggers √*spoke;* similarly, telling them that *I *am liking it* is wrong will trigger √*I like it.* In this case, the learners knew the correct form all along but had insufficiently automatized it. An *error* proper springs from ignorance. In theses cases, the learners are told that there is ill-formedness and its nature. Whether the explanation is implicit or implicit, we are giving remediation.

The hierarchy *slip<mistake<error* raises the question of priority. The more conventional view is that fluency and accuracy are somehow in competition (Hammerly, 1991), and that the learners have to do a balancing act to achieve optimal fluency without sacrificing accuracy–and viceversa. Learners improve through receiving from knowers information or *evidence* about the target language and about their own attempts at reproducing it. This evidence comes in four forms. *Positive evidence* tells you which forms *are* used in the TL, while *negative evidence* tells you which are *not.* You can get both these sorts of evidence *indirectly,* that is, incidentally, by observing the TL being produced or noticing what natives or the teacher do and do not understand. If a knower makes a point of explaining that a certain form is or is not grammatical, correct or comprehensible in the target language, we speak of the *direct* provision of evidence. FL learners rely on all four kinds of evidence.

Whether to correct: pros and cons

The main question is to decide whether prevention of error is better than cure or explicit formal instruction–in a word, *teaching*–is effective.

If preventing errors is better than curing them, we should be researching ways of preventing errors from happening in the first place. Our focus should be on teaching.

George (1972:62ff) gives some guidelines for preventing error:

- Turning a blind eye to errors prevents them, since learners will be less inclined to focus on them if they are ignored.

- Providing orderliness of input: The teacher should make sure that newly taught items are repeated a lot, and are spaced away from other TL forms that are similar and which, therefore, might compete with the item being taught by *association.*
- Showing willingness to reduce the syllabus: teach a little language. Then learning will materialize rather than error if the learners can be induced to make a learning effort that is directed towards a search for meaning.

The main argument in favour of prevention was that if erroneous forms are learnt, these will first have to be unlearnt before the correct ones can be learnt. This is not true, since it has been shown that right and wrong forms can coexist side by side in interlanguage giving it its characteristic *variability.*

A more moderate assumption would be that we need not invest so much effort in error prevention, since error commission is not irreversible. We conclude then that prevention is not better than cure, nor is cure necessarily better than prevention, however.

When prevention has not worked and errors are being committed, there is need for correction, and correction must be immediate, certainly carried out before the erroneous forms can enter learners' long term memory store.

For some years grammar teaching or EFT (*Explicit Formal Teaching*) has been rejected as being at best ineffectual, and at worst an obstacle to L2 learning. However, according to different authors correction has positive effects. Paven (1986) has shown that even though the order of acquisition is not altered by teaching the rate of learning is. In addition, instructed learners demonstrate higher ultimate achievement. If correction is part of teaching then correction is efficacious. Picca (1984) showed that learners who had received formal instruction tended to produce errors of redundancy: they oversupplied grammatical morphology. This oversuppliance has the effect of inhibiting the development of pidginized forms of IL. Harley (1993) considers that another positive effect of "a code-focused L2 instruction," which must imply correction of error, is that it brings about *defossilization.*

Opposition to error correction seems to be based mainly on evidence that it does not work with children acquiring L1 in untutored L2 acquisition contexts, but these contexts are irrelevant to the classroom practice of error correction, where the effect upon learning is considerable.

Views are now changing slowly and subtly. It is now conceded that EFI does have an effect on production accuracy, though the effect is delayed. Formal instruction can be useful in the process of self-monitoring: "Instruction can improve accuracy in careful planned speech production" (Ellis, 1990:151). Likewise, error correction (or direct negative feedback) is considered to be effective (Chaudron, 1988:179).

Ellis (1995a) has suggested that it is wrong to associate grammar teaching exclusively with the improvement of active production in the L2. He advocates "interpretation-based grammar teaching, based on the success recorded in receptive learning" (emphasis is on perception rather than production).

Magnan (1979) describes her Focus Approach to FL teaching, which links correction and "receptive" noticing.

As Ellis observes, grammar teaching can help develop explicit L2 knowledge or learning, which can be utilized in monitoring. It can also facilitate the intake of unknown features of the L2 grammar by bringing about noticing.

The arguments that favour correction are:
First, correction works. Correcting grammar errors universally brought about improvement of the grammar of rewrite, and of content expression (Fattman and Whalley 1990).

Secondly, learners want to be corrected, as several studies show.

Thirdly, there is no evidence that correction adversely affects learning cognitively; that is, correction does not lead to misunderstanding and mislearning.

Fourthly, risk-taking learners that Seliger (1977) called high input generators will readily self-correct, while the careful planners, the low input generators, will not. If they neither self-correct nor receive teacher correction, they could be doubly disadvantaged.

Fifthly, correction is essential in those cases where the language processing task is difficult, since in such cases the learners will be unable to self-correct.

Sixthly, the greater the amount of revision required of the learners to correct a deviance, the less rigorous should be the teacher's inclination to demand it –by eliciting correction. It relates to the error/mistake distinction, that is, to the status of the deviance in the learners' production.

Finally, foreign language learners need more correction than second language learners. SL learners have more access to indirect evidence, since the language they hear around them is contextualized and meaningful. FL learners have little exposure to indirect evidence, positive or negative, so they need direct negative evidence in abundance to compensate.

Gee (1990) suggests that only NSs of the target language will be capable of giving the sorts of corrections that SL learners require, while FL learners will get adequate correction to their need from teachers who are not NSs of the TL. NS and NNS teachers of FLs have different priorities for correcting, largely determined by their different perceptions of error gravity.

There is still uncertainty, however, over the effectiveness of correction.

How to do error correction: some options and principles

To correct effectively, the correction techniques used must bring improvements in students' accuracy and should not require a lot of effort from the teacher. Correction must also be subject-sensitive, which means that the technique used depends on your group of students. The kinds of correction that dominate are:

Focused correction (the teacher repeats the correction with declarative falling intonation). For instance,
Learner: Then you say what number it is.
Teacher: What *letter* . . .

Confirmation checks (the teacher produces the corrected version of the learner's incorrect utterance with rising intonation). For example:

Student: How do you do on Mondays?
Teacher: *What* do you do on Mondays?

What really matters is that correction should not embarrass learners. If correction is non-threatening, the learners' affective filter is down and they can notice the error to avoid it at the next opportunity. In oral tasks, as the most non-threatening form of correction is self-correction, teachers should wait some time after a student's incorrect utterances to see if they can self-correct. Other gentle forms of correction include peer and whole class correction. Teachers can also give written feedback on spoken errors or vice versa, and organize teacher-student conferences to see students' reactions to their writing. Teachers should also find out if their group of students prefers explicit or implicit correction.

Levenston (1978) considers that students' compositions are generally not one but two removes from a native speakers' version. The data of error analysis as regards Corder's claim about the idiosyncratic sentence (produced by the learner) and a well-formed sentence (that which a sentence would have produced) is challenged by Levenston, who claims three, not two sentences:

- What the learners say; that is, their *composition;*
- What they are trying to say; that is, its *reconstruction,* which involves putting the grammar right;
- What a native speaker would have said or written with the same communicative objective; that is, *a reformulation,* which involves what native speaker writers need to improve, and have to edit-in to their compositions. For EFL learners, this implies the omission of L1 features that have been wrongly transferred.

As some applied linguists maintain that learning takes place a bit at a time, the above stepwise approach to correction may prove to be useful, even more if we take into consideration that learners will learn and correct their output according to a fixed program that gradually approximates their knowledge to target norms.

Noticing error

Language test designers agree on the fact that noticing errors enhances performance on tests. Rod Ellis holds the view that "whereas practice is primarily behavioural, consciousness raising (CR) is essentially concept-forming" (1992:234). That is, while practice enhances learners' performance improvement, CR fosters learners' competence. Practice and CR serve different aims: practice enhances implicit knowledge; CR improves explicit knowledge. The former is suggested at the beginning of the process of teaching, the latter, in the correction stage (Ellis, 1993, 233, in James, 1998). It is widely accepted by linguists that each item of explicit knowledge has a corresponding item of implicit knowledge, and that learners, having had access to explicit knowledge, will be able to find the connection to the implicit one. Ellis advocates the idea that CR seems to show durability because if a student's consciousness has been raised through formal instruction, he will maintain his awareness in future communicative input (1992, 238). Explicit knowledge is advantageous in the sense that it can be learnt in any convenient order.

Learners are naturally inclined to analyse their own errors, but they sometimes need teacher guidance. Ellis (1995b:90) recognises the learners' comparison between input and output and calls it *cognitive comparison,* which Clark (1982) terms *coordination;* this phenomenon occurs when learners bring what they receive closer and closer with what they produce. Noticing errors is an activity which is manifested by learners as self-correction, or edit-ing, or monitor use. Some authors believe that noticing errors should not be planned by the teacher; on the contrary, it has to be initiated by the learner himself. On the other hand, Ellis suggests the promotion of cognitive comparison through exercises that call for students correcting common mistakes shared by the group of learners. Some linguists object to the idea of exposing learners to activities in which they have to correct mistakes, arguing that they will fix the wrong forms. James, in particular, does not hold the same view; he believes that the types of exercises in which students are asked to correct mistakes allow analysts to develop different criteria for "degrees of deviance"(1998).

Language awareness

James (1998) suggests that "people should be *aware* of the forms they use in their NL . . . (because) . . . such awareness would refine their insights into the NL and at the same time allow them to monitor its transfer into the FL." At this point it is relevant to refer to two concepts already analysed: *Language Awareness* (LA) and *Consciousness Raising* (CR). While the former is related to implicit knowledge which has become explicit, the latter refers to the ability of "getting explicit insight into what one does not yet know implicitly of the L2." *Explication* brings about LA, while *explanation* makes CR possible. Since grammarians explicate, they are useful to knowers but of little use to learners, who need explanation by the teacher rather than explication.

A concept that should be highlighted is that of *interfacing*, which refers to what one knows and what one does not know. Learners of a FL should be aware of those elements which are marked in the FL. Interfacing is related to the ability to use "the relative 'transparency' of the FL form to reduce the 'opacity' of the L1, which then makes the L2 seem to the learners to be less exotic, redundant and difficult"(James, 1998). Teachers of both FL and NL should work together so that those forms which are marked, and at the same time less evident and less frequently used, are given special attention and singled out as worth noticing; otherwise, they will pass unnoticed. The role of Contrastive Analysis (CR) is that of "revealing to the learner the contrastive differences between L1 and L2"(James, 1998).

Rules and the role of corrective explanation

James (1994a) and Kennedy (1996) advocate the idea that if explanation is equivalent to good teaching, it must then be a good indicator of good correcting of error. Students prefer the corrective moves of their teacher rather than a grammar book for an explanation of an error. Explanation is comparative description: once the learner notices the error it will be remedied, and learning will take place automatically, though practice is needed to reinforce the new form.

Explanation should take the form of rules or generalizations. According to Littlewood, (1975: 92) explanations are effective if they provide the learners with an insight into the structure they are using, and it should show the learner how this structure fits into the whole structure of the FL. Explanation should avoid complex formulation, since it is easier for the learner to follow a sequence of instructions rather than complex propositions.

Taxonomy Proposed by the Research Group

1. Substance errors

Punctuation:	Typographic:
1. Unnecessary use of comma 2. Need of comma a. In enumerations b. In non-defining relative clauses c. Before linkers d. After inverted adverbial clause 3. Misuse of comma 4. Wrong use of capitals 5. Semicolon a. Need of a semicolon b. Misuse of semicolon 6. Period after title 7. Apostrophe a. Need of apostrophe b. Uunecessary use of apostrophe 8. Unnecessary use of inverted commas 9 Splitting	1. Omissions 2. Overgeneralizations **Dyslexic** **Confusibles**

Text Errors

Lexical Errors

Formal Errors of Lexis

1. Misselection Suffix type Prefixing type Vowel-based type Consonant-based type Deceptive cognates **2. Misformation** Borrowing	Coinages Calque **3. Distortion** Omission Overinclussion Misselection Misordering Blending

Semantic Errors of Lexis

1. Confusion of sense relations a. Using a superonym for a hyponym b. Using a hyponym for a superonym c. Using the less apt of two co-hyponyms d. Using the wrong one from a set of near synonyms **Total: 18**	**2. Collocational errors** a. General b. Wordiness/Verbosity **Total: 26**

Grammar Errors

1. Syntax error at the level of phrase Addition of article Misselection of article Misordering of negator Misordering of modifiers in a noun phrase Missing article **2. Syntax error at the level of clause** Unnecessary phrase Misordering Omission Misselection (verb tense / verbal form) Hybrid Misselection of phrase	**3. Morphology error** Third person singular -s omitted Third person singular -s misplaced Plural -s omitted Plural -s overused Past tense -ed omitted Past tense -ed overused False analogy **4. Preposition** Preposition omitted Preposition overused Wrong preposition **5. Sentence error** Selection and combination of clauses into larger units Consolidation errors: (1) coordination (2) subordination

Data Analysis of Sample Compositions

Substance Errors - Material: LETTER

Punctuation:	**Typographic errors:**
1. Unnecessary use of comma 2. Need of comma a. In enumerations b. In non-defining relative clauses c. Before linkers d. After inverted adverbial clause 3. Misuse of comma 4. Wrong use of letters 5. Semicolon a. Need of a semicolon b. Misuse of semicolon 6. Period after title 7. Apostrophe a. Need of apostrophe b. Unnecessary use of apostrophe 8. Unnecessary use of inverted commas 9. Splitting	1. Omissions 2. Overgeneralizations **Dyslexic errors** **Confusibles**

Misspellings	*St.1*	2	3	*4*	*5*	*6*	*7*	*8*	*9*	*13*	*14*	*15*	*16*
Punctuation	2c 9	11 22 333 43 5b	2 7b 8	2d	1 2 3	12 3 4444 6 8888	2	3 6 2	1 22 2 3	2b 3	4	2 2b 4	2b 3
Typographic		11 2222 2				1		1	11 1		1		
Dyslexic													
Confusibles								1					

Data Analysis: Substance Errors - Material: Letter

The least noticeable errors were confusibles. Only 1 of 12 students confused the word *sky* with *ski.* Among the most currently made errors were those related to the need of comma. Fifty percent of the students omitted its use, mainly in headings, in inversion of an adverbial clause, and in non-defining relative clauses.

Regarding typographic errors, 40 % of the students omitted a grapheme in words like **beutiful* (for *beautiful*), **beachs* (for *beaches*), **atonished* (for *astonished*), **higly* (for *highly*), **althout* (for *although*), **succesful* (for *successful*), and **planing* (for *planning*). Surprisingly, only one student added a grapheme to words like: **writting* (for *writing*), **enjoining* (for *enjoying*), **moustly* (for *mostly*), and **exiciting* (for *exciting*).

Substance Errors - Material: NARRATION

Punctuation:	Typographic errors:
1. Unnecessary use of comma 2. Need of comma a. In enumerations b. In non-defining relative clauses c. Before linkers d. After inverted adverbial clause 3. Misuse of comma 4. Wrong use of capitals 5. Semicolon a. Need of a semicolon b. Misuse of semicolon a or above 6. Period after title 7. Apostrophe a. Need of apostrophe b. Unnecessary use of apostrophe 8. Unnecessary use of inverted commas 9. Splitting	1. Omissions 2. Overgeneralizations **Dyslexic errors** **Confusibles**

Misspellings	St.1	2	3	4	5	6	7	8	9	10	11	12	17	18	19
Punctuation	1 2a 2a 4	2a 3 3	2c	4 3 3	3 3 3 3 3 5b	2c 3 3 6	3 1 1 1 1	1 4	111 7a 7a		5a 5b 6	1 2 3 3 3 4 5b	1 3.3 6	1 1 4 4 5b 6 7a	1 1 3 2d
Typographic		1 1 2	2	1 1		1 1 1.1	1	2	2	1		1		2	2
Dyslexic			1								1				
Confusibles			1					1							

Data Analysis: Substance Errors - Material: Narration

Misspellings are thought of as *substance* errors. Among the researched misspelling errors, four main categories were considered in the study: *punctuation, typographic, dyslexic* and *confusibles.* Even though the researchers followed Carl James's categorization of errors, it was found necessary to add some extra categories because of a recurrence of particular errors in the written compositions of first year students. The added categories are the ones listed in the *Punctuation category,* that is,

- Unnecessary use of comma
- Need of comma a. In enumerations, b. In non-defining relative clauses, c. Before linkers, d. After inverted adverbial clause
- Wrong use of capitals
- Semicolon: Need of semicolon; misuse of semicolon;
- Period (.) after title
- Apostrophe: need of apostrophe, unnecessary use of apostrophe
- Unnecessary use of inverted commas
- Splitting of words.

The combination of *omissions* and *overgeneralizations* of a particular grapheme was included within the category of *typographic* errors.

The least noticeable errors were confusibles. Only 2 of 16 students confused words like **childness* (for childhood) and **vanish* (as in **a vanished man, for "neglected")*; and dyslexic errors, as in **nefew* (for *nephew*) and **Christmast* (for Christmas). Among the most currently made errors were:

a. Need of comma: 50% of the students omitted its use, mainly in non-defining relative clauses, and after *what's more; consequently; moreover.*

b. Misuse of comma: 9 out of 16 students used a comma before the linker *because,* instead of a semicolon in clauses, especially *if*-clauses. [*"A man*, called Scrooge"*] before an explanation instead of a colon, and instead of the linker *and.* Eight out of 16 students unnecessarily used a comma after the head in the subject.

c. Unnecessary use of comma, as in the example *"He sent to him*, three ghosts to help him.*

Considerable attention should also be placed on the misuse of semicolons: In this particular case almost one third of the learners showed mismanagement of this punctuation mark.

Regarding typographic errors, 7 out of 16 students added a grapheme to words like **generouse* (for *generous*) and **Christmast* (for *Christmas*). The same amount of students omitted graphemes as in **appeared gost* (for *appeared*), **three* (for *tree*),**ghost* (for *ghost*), **nosense* (for *nonsense*) and **ded* (for *dead*). The case of the misspelling of the word **actitudes* (for *attitudes*) is considered here as a combination of both *omission* and *overgeneralization* of a particular grapheme.

Substance Errors - Material: DESCRIPTION

Punctuation:	**Typographic:**
1. Unnecessary use of comma a. In enumerations b. In non-defining relative clauses c. Before linkers d. After inverted adverbial clause 2. Need of comma 3. Misuse of comma 4. Wrong use of capitals 5. Semicolon a. Need of a semicolon b. Misuse of semicolon 6. Period after title 7. Apostrophe a. Need of apostrophe b. Unnecessary use of apostrophe 8. Unnecessary use of inverted commas 9. Splitting	1. Omissions 2. Overgeneralizations **Dyslexic** **Confusibles**

Misspellings	St. 1	2	3	4	5	6	7	8	10	11	12
Punctuation	2					2 2c	1 2c	1 4 4	3 4 6	5a 3 3	
Typographic	1 1	1	1 1	1	2	2		1 1 1 1	1 1		
Dyslexic		1									
Confusibles		1									

Data Analysis: Substance Errors - Material: Description

The most noticeable errors in the material analyzed here are typographic. 70% of students omitted a grapheme in words like **freckes* (for *freckles*), **caracteristic* (for *characteristic*), **jean* (for *jeans*), **clarly* (for *clearly*). Among the least detected errors were dyslexic errors and confusibles.

Text Errors

Lexical Errors

Formal Errors of Lexis

Formal Errors of Lexis - Material: LETTER

	St.1	**2**	**3**	**4**	**5**	**6**	**7**	**8**	**9**	**13**	**14**	**15**	**16**
Misselection suffix type													
prefixing type													
vowel-based type							x				x		
consonant-based type													
deceptive cognates													
Misformation borrowing		x		x	x								
coinage													
calque		xx		x	xxx	x					x	x	xxxx
Distortion omission			x				x	x	x		x		
overinclusion										x			
misselection										x			
misordering													
blending		x											

Type of error	Total
1. Vowel-based type	2
2. Borrowing	3
3. Coinage	1
4. Calque	13
5. Omission	5
6. Overinclussion	3
7. Misselection	2
8. Blending	1
Total number	**30**

Data Analysis: Formal Errors of Lexis

Material: Letter

In the analysis of errors of lexis, the least noticeable errors were those of the misselection type; only two learners committed instances of the vowel-based type.

The largest number corresponded to the misformation type–words and structures created for TL from MT resources, among which calque ranks the highest –45% of the total number was the result of literal translation of an L1 word or phrase.

Researchers have also noticed instances of borrowing especially in names of places, where the MT word was used in the TL with no perception of any need to tailor it to its new code.

As regards distortion type errors, researchers found out that they were noticeable, even though they may overlap with spelling errors. These are intralingual errors of form created without recourse to L1 resources, and represented 37% of the total number of errors.

Formal Errors of Lexis - Material: NARRATION

1. Misselection suffix type prefixing type vowel-based type consonant-based type deceptive cognates **2. Misformation** borrowing	coinages calque **3. Distortion** omission overinclussion misselection misordering blending4

	St.1	2	3	4	5	6	7	8	9	10	11	12	17	18	19
Misselection suffix type	x								x						
prefixing type					x					x					
vowel-based type															
consonant-based type					x										
deceptive cognates															
Misformation borrowing															
coinage															
calque	xxx	x	xx	xx							xxx	xxxx	xx	xxx	xxx
Distortion omission	xx						x		x					xx	x
overinclusion		x													
misselection	x								x					x	
misordering															
blending															

Type of error	Total
1. Suffix type	2
2. Prefixing type	2
3. Consonant-based type	1
4. Calque	23
5. Omission	7
6. Overinclussion	1
7. Misselection	3
Total number	**39**

Data Analysis: Formal Errors of Lexis

Material: Narration

Considering the fact that this text is a narrative based on a previous reading, the number of errors was significantly larger than those found in the other productions, as is shown in the chart below. 9 out of 15 learners resorted to L1 resources, which was categorized as instances of calque. Other types of misformation were not identified, probably because students resorted to the story in order to use appropriate lexis.

Even though a few misselection errors were identified, they may also overlap with, or be classified as, spelling mistakes.

Several distortion errors were identified, although they were less numerous than misformation errors. They were instances of omission, overinclussion, and misselection, and they were also classified as misspelling errors.

Formal Errors of Lexis-Material: Description

1. Misselection suffix type prefixing type vowel-based type consonant-based type deceptive cognates **2. Misformation** borrowing	coinages calque **3. Distortion** omission overinclussion misselection misordering blending

	St. 1	2	3	4	5	6	7	8	10	11	12
Misselection suffix type											
prefixing type				x							
vowel-based type											
consonant-based type				x							
deceptive cognates											
Misformation borrowing											
coinage											
calque	xx	xx		x			x	xx	xx	xx	
Distortion omission	x			x				x			x
overinclusion										x	
misselection											
misordering								x			
blending											

Type of error	**Total**
1. Prefixing type	1
2. Consonant-based type	1
3. Calque	12
4. Omission	4
5. Overinclussion	1
6. Misordering	1
Total number	**20**

Data Analysis: Formal Errors of Lexis

Material: Description

There were fewer instances of error in the learners' descriptions. Misselection type of errors were the less noticeable, as they were only occasionally committed.

A high percentage of errors has been identified as misformation type—60 % of errors classified as instances of calque. This may be regarded as an improvement in the formation of the learners' interlanguage. Even though in some cases distortion type of errors may overlap with substance errors, within the category of misspelling—omission or confusibles—they may also be analyzed as errors of lexis, and a high percentage, 30% of the total errors, may be identified as such.

Semantic Errors of Lexis - Material: Letter

Letter	
1. Confusion of sense relations 10 a. Using a superonym for a hyponym b. Using a hyponym for a superonym c. Using the less apt of two co-hyponyms d. Using the wrong one from a set of near synonyms **Total: 10**	**2. Collocational errors** a. General b. Wordiness/Verbosity **Total: 9**

Letter	**St. 1**	**2**	**3**	**4**	**5**	**6**	**7**	**8**	**9**	**13**	**14**	**15**	**16**
1. Confusion of sense relations													
a. Using a superonym for a hyponym			xx				xx	x					
b. Using a hyponym for a superonym													
c. Using the less apt of two co-hyponyms							x	x					
d. Using the wrong one from a set of near synonyms									x	x		x	
2. Collocational errors													
a. General									xxx			x	
b. Wordiness/ Verbosity	xx	x			x							x	

Data Analysis: Semantic Errors of Lexis-Material: Letter

Although some of the language analysed could be considered generic, the fact that the students were not proficient language users was taken into account, and their ability to convey the message according to the instruction was prioritized. More *collocational errors* were committed than *confusion of sense relations,* verbosity ranking the highest among the number of students who made semantic errors in lexis.

Semantic Errors of Lexis - Material: narration

Narration	
1. Confusion of sense relations a. Using a superonym for a hyponym b. Using a hyponym for a superonym c. Using the less apt of two co-hyponyms d. Using the wrong one from a set of near synonyms **Total: 36**	**2. Collocational errors** a. General b. Wordiness/Verbosity **Total: 33**

A Christmas Carol (Narration)	**St. 1**	**2**	**3**	**4**	**5**	**6**	**7**	**8**	**9**	**10**	**11**	**12**	**17**	**18**	**19**
1. Confusion of sense relations															
a. Using a superonym for a hyponym	xx	xxx			xxxx	xxx	xxxx	xxxx		xx	x		xx		
b. Using a hyponym for a superonym															
c. Using the less apt of two co-hyponyms										x	xxxxx				
d. Using the wrong one from a set of near synonyms	x							x			x	x			X
2. Collocational errors															
a. General		x					x	xxxx xxxx				xxx xx	x		xxxxx
b. Wordiness /Verbosity		xx			x		x	x	xx		xxx		xx		

Data Analysis: Lexical Errors - Material: Narration

A significantly large number and variety of errors were committed, especially taking into account the fact that the narrative passage was written after reading a story from which the students could have learned lexis. The most mistakes were made when using a superonym for a hyponym (e.g. *go* for *travel* or *visit, bad people, bad things he had done, better* instead of *generous* or *caring*), and when deciding which words usually keep company with (2. collocational errors a. general). This can be attributed to at least three causes:

a) Students had to summarize the content of a rather long story in considerably few words (100-150), so precision in the choice of lexis was demanded from them;

b) There was "lower tolerance of mistakes" as the students were expected to be accurate in those areas of lexis that they had already studied.

c) Learners had already been trained in the use of different resources (glossaries, monolingual dictionaries and dictionary of collocations, among others) they could make use of when writing creatively.

Semantic Errors of Lexis - Material: Description

Description	
1. Confusion of sense relations a. Using a superonym for a hyponym b. Using a hyponym for a superonym c. Using the less apt of two co-hyponyms d. Using the wrong one from a set of near synonyms **Total: 18**	**2. Collocational errors** a. General b. Wordiness/Verbosity **Total: 26**

Someone I Admire (Description)	St. 1	2	3	4	5	6	7	8	10	11	12
1. Confusion of sense relations											
a. Using a superonym for a hyponym				x			xx		x		
b. Using a hyponym for a superonym											
c. Using the less apt of two co-hyponyms		x		x		xx			xxx	x	
d. Using the wrong one from a set of near synonyms	xx			x	x				x	x	
2. Collocational errors											
a. General	x	x						xx			
b. Wordiness/Verbosity	x	xx		x	xxx	x	x	xx xx	xxx xx	x xx	x

Data Analysis: Semantic Errors of Lexis

Material: Description

Fewer errors in using a superonym for a hyponym were identified while there were more in using the less apt of two co-hyponyms and using the wrong one from a set of near synonyms (e.g., *stay* for *be*). This is in harmony with what is expected from learners if what is taken into consideration is their ability to use lexical items which convey *subtleties* of meaning. In other words, "making such errors" can be regarded as a step forward towards improvement. In turn, more errors in *verbosity* may denote greater risks taken by learners to make themselves understood (circumlocution being a communication strategy), or they may call for the need to reconsider the role of a more lexical approach to L2 teaching. Take the case of *to go to do something* as in *he went to eat, to start/begin* to do something, as in *He began to help poor people.*

Grammar Errors

Syntax and Morphology Errors

Material: Letter, Narration, and Description

Syntax and Morphology Errors Material: LETTER

1. Syntax error at the level of phrase Addition of article Misselection of article Misordering of negator Misordering of modifiers in a noun phrase Missing article **2. Syntax error at the level of clause** Unnecessary phrase Misordering Omission Misselection(verb tense/verbal form) Hybrid Misselection of phrase **3. Preposition** Preposition omitted Preposition overused Wrong preposition	**4. Morphology error** Third person singular-s omitted Third person singular-s misplaced Plural -s omitted Plural -s overused Past tense -ed omitted Past tense -ed overused False analogy **5. Sentence error** Selection and combination of clauses into larger units Consolidation errors: (1) coordination (2) subordination

TYPE OF ERROR	TOTAL
1. Syntax error at the level of phrase	21
2. Syntax error at the level of clause	33
3. Preposition	14
4. Morphology error	1
5. Sentence error	0
Total number	**79**

Data analysis: Syntax and Morphology Errors

Material: Letter

Following James' taxonomy for classifying errors, researchers included misordering of modifiers in a noun phrase, misordering of negator, and the wrong selection of the article in the category *Syntax Error at the level of phrase.* However, researchers also considered the wrong use of the article and the omission of it in the aforementioned category.

The category *Syntax Error at the level of clause* was divided into six subcategories: *unnecessary phrase, misordering, omission, hybrid, misselection of verb tense or verb form, and misselection of phrases.* Although James did not explicitly introduce either the misselection of a verb tense or of a phrase, students' mistakes or errors made researchers modify the subcategory *misselection.*

As James suggested, category *Morphology Error* comprises the following: third person singular-s omitted, third person singular-s misplaced, plural -s omitted, plural-s overused, past tense –ed omitted, past tense –ed overused, and false analogy.

Finally the category *Sentence Error* was not modified at all. It groups the following: selection and combination of clauses into larger units, and consolidation errors: (1) coordination and (2) subordination.

The research team then created a new category to group the misselection, the omission, and the wrong use of a preposition into it.

The chart designed shows the names of all the categories. Each occurrance of an error was noted down with a cross (X) in its corresponding category.

Syntax and Morphology Errors - Material: Narration

1. Syntax error at the level of phrase Addition of article Misselection of article Misordering of negator Misordering of modifiers in a noun phrase Missing article **2. Syntax error at the level of clause** Unnecessary phrase Misordering Omission Misselection (verb tense/verbal form) Hybrid Misselection of phrase **3. Preposition** Preposition omitted Preposition overused Wrong preposition	**4. Morphology error** Third person singular-s omitted Third person singular-s misplaced Plural -s omitted Plural -s overused Past tense -ed omitted Past tense -ed overused False analogy **5. Sentence error** Selection and combination of clauses into larger units Consolidation errors: (1) coordination (2) subordination

TYPE OF ERROR	TOTAL
1. Syntax error at the level of phrase	13
2. Syntax error at the level of clause	68
3. Preposition	11
4. Morphology error	29
5. Sentence error	1
Total number	**122**

Narration: ***A Christmas Carol***	**1**	**2**	**3**	**4**	**5**	**6**	**7**	**8**	**9**	10	11	12	**13**	**14**	**15**	***Total***
1. Syntax error at the level of phrase																
Addition of article						X				XX						3
Misselection of article		X							X		X					3
Misordering of negator																0
Misordering of modifier in a noun phrase				X								X			XX	4
Missing article								X	X						X	3
2. Syntax error at the level of clause																
Unnecessary phrase											X			X		2
Misordering		XX	XX	XX			X	X		XX			XXXXX		XXX	18
Omission	XX			XX			X	X	X	XX	X	X				11
Misselection (verb tense & verbal form)	XXX		XX	XXX	XXX	X	XX	X	XX	XXX	X	XX			XXXXXXXX XXX	34
Hybrid																0
Misselection of phrase							X			X	X					3
3.Preposition																
Omitted					X							X				2
Overused		XX			XXX		X								XX	8
Wrong												X				1
4.Morphology error																
Third person singular -**s** omitted	X						X								X	3
Third person singular –**s** misplaced																0
Plural –**s** omitted	XX			XX	X			X	XX		X			X		10
Plural –**s** overused	XX									X					X	4
Past tense –**ed** omitted	X	X							XXX						X	6
Past tense –**ed** overused					XX XX			X						X		6
False analogy																0
5. Sentence error																
Selection and combination of clauses into larger units																0
Consolidation error: (1) coordination & (2) subordination								X								1

Data analysis: Syntax and Morphology Errors

Material: Narration

As the chart above shows, the quantity of errors committed in the subcategories *Misordering* and *Misselection of verb tenses and verbal forms* ranks the highest among the number of errors committed by the group of students. This is why special emphasis should be made on highlighting them to students. Other significant errors, such as the omission of plural -s, and the overuse of prepositions have also been noticed in the samples analyzed. These errors are similar in number to the ones noticed in the letter, which suggests that these are recurrent errors for students. Researchers did not find any instances of misordering of negator, hybrids, third person singular -s misplaced, false analogy, or selection and combination of clauses into larger units.

Syntax and Morphology Errors - Material: Description

1. Syntax error at the level of phrase
Addition of article
Misselection of article
Misordering of negator
Misordering of modifiers in a noun phrase
Missing article

2. Syntax error at the level of clause
Unnecessary phrase
Misordering
Omission
Misselection
(verb tense/verbal form)
Hybrid
Misselection of phrase

3. Preposition
Preposition omitted
Preposition overused
Wrong preposition

4. Morphology error
Third person singular -s omitted
Third person singular -s misplaced
Plural -s omitted
Plural -s overused
Past tense -ed omitted
Past tense -ed overused
False analogy

5. Sentence error
Selection and combination of
clauses into larger units
Consolidation errors:
(1) coordination
(2) subordination

TYPE OF ERROR
1. Syntax error at the level of phrase
2. Syntax error at the level of clause
3. Preposition
4. Morphology error
5. Sentence error
Total number

Description: Someone I Admire	**St. 1**	**2**	**3**	**4**	**5**	**6**	**7**	**8**	**10**	**11**	**12**	***Total***
1. Syntax error at the level of phrase												
Addition of article		X					X X					3
Misselection of article												0

Misordering of negator												0
Misordering of modifier in a noun phrase												0
Missing article							X				X	2
2. Syntax error at the level of clause												0
Unnecessary phrase								XX				2
Misordering	X	X					X	XXX				6
Omission	X	X					X	XX		X		6
Misselection (verb tense / verbal form)	X	X		X			XXX	XX	X	XX		11
Hybrid												0
Misselection of phrase												0
3 Preposition												
Omitted												0
Overused												0
Wrong			X					X				2
4. Morphology error												
Third person singular **-s** omitted	XX				XX							4
Third person singular **-s** misplaced												0
Plural **-s** omitted				X								1
Plural **-s** overused								X				1
Past tense **-ed** omitted												0
Past tense **-ed** overused												0
False analogy												0
5. Sentence error												
Selection and combination of clauses into larger units												0
Consolidation errors: coordination (1) subordination (2)												0

Data analysis–Syntax and Morphology Errors

Material: Description

As the chart above shows, students do not tend to commit errors in the selection of articles, in the order of negators, or in the order of nouns in verb phrases at the syntax level. Moreover, at the syntax level, no mistakes were noticed in subcategories *Hybrid* and *Misselection of phrase.*

Regarding prepositions, researchers found out that, although they were neither omitted nor overused in the samples, they continued being wrongly used by the group of students. A great number of mistakes were detected in the subcategory *Misselection of verb tense / verbal form,* which let researchers decide to strengthen efforts to work on that particular grammar error.

Error correction chart symbols

From the studies done on error, the research team completed the following chart of symbols to help students visualize and understand the kind of error they make/may make is their compositions:

Δ Article: missing, omitted, or incorrect.

P Punctuation: missing or incorrect.

E.g., Sam reads *newspaper every morning.
Jessica is *a excellent ballerina.

WO Word Order (misordering at the level of phrase or clause)
E.g., I am going *by bus to Mendoza.

^ Missing (word/phrase/clause)
E.g., I listened *music. I will be looking forward to seeing * in three weeks.
Peter and Lucy must have gone *the theatre with Susan.

Sp Spelling.
E.g., *scuare

∪ Linking
E.g., Allison is blond. *She is tall.
I like red; my husband likes blue

Number (singular/plural)
E.g., I bought three English *magazine yesterday.
Every students has to wear trainers for the gym class.

→ Incomplete idea
E.g., It was so hot *

SF Sentence fragment

RO Run-on sentence punctuation problem or absence of coordinating conjuntion or nor coordinating conjuntion
LW Wrong linking word

|| Parallelism
E.g., Lisa and Vanessa think *they can be good teachers and a stable job.

Θ Overinclusion
E.g., I was at *my home.

Agr (S/V; Det/N)
E.g., Lucy *travel to Mexico to visit her aunt once a year.

Ref Referent
E.g., I gave my sister a present for her birthday; *he liked it a lot.

WF Wrong form of word
E.g., ***Valley of the Moon*** instead of ***Valle de la Luna***;
3 instead of ***three***
I have been *study very hard this semester.

WC Wrong choice of word
Wrong use of hyponym: The baby was *creeping on his four.
Wrong use of superonym: The trees were *moving.
Use of less apt of two co-hyponyms: I'm very happy to *stay in this beautiful place.
Use of the wrong one of a set of near synonyms: Finally, *human beings appeared on earth.
Wrong use of preposition: The first astronauts landed *in the moon in 1969.

Colloc General collocational error

Wordy Verbosity

WT Wrong Tense
E.g., Yesterday, Sara *visit the Zoo with her best friend from high school.

Rep Repetition

Unclear The reader can not understand the message

Reword The message is understood but not well phrased

Source (unreliable, wrong, incomplete, lacking, wrong order)

FR Faulty reasoning

? Reliability of information

Emotional language

Simp Voc Simplistic vocabulary

¶ Paragraph: continue or begin

Criteria to Determine Passing Grades for Written Compositions

According to James, a multiplicity of errors consistently makes the text less intelligible than a sentence with one error. This has lead researchers to offer a quantitative criteria for error gravity to try to help students understand their teachers grading decisions.

In agreement with James, researchers consider that the more important errors are grammar mistakes, those that affect the structure of the sentence. For this reason, in any piece of writing structure errors at the level of sentence will be more seriously considered than word errors.

The following categories offer an approximation of which errors and how many of them will be taken into account when grading students' papers, focusing the correction only from the point of view of substance and text errors:

1. Written text between 100 and 150 words approximately

Number and quality of errors allowed per category for a passing grade: 4/5 grammar errors; 3/4 lexical errors, 3/4 punctuation errors.

2. Written text between 250 and 300 words approximately

Number and quality of errors allowed per category for a passing grade: 4/5 grammar errors; 3/4 lexical errors, 3/4 punctuation errors.

3. Written text between 300 and 350 words approximately

Number and quality of errors allowed per category for a passing grade: 4/5 grammar errors; 3/4 lexical errors, 3/4 punctuation errors.

4. Written text from 400 words onwards

Number and quality of errors allowed per category for a passing grade: 4/5 grammar errors; 3/4 lexical errors, 3/4 punctuation errors.

Bibliography

BACHMAN, L. F. and A. S. PALMER. (1996.) *Language Testing in Practice.* Oxford: OUP.

BIALYSTOK, E. (1978). "A theoretical model of second language learning." *Language Learning* 28, 69-84.

BIALYSTOK, E. (1979). "Explicit and implicit judgement of L2 grammaticality." *Language Learning,* 29, 81-104.

BIALYSTOK, E. (1981). "The role of conscious strategies in second language proficiency." *Modern Language Journal,* 65, 24-35.

COOK, V. (1996). *Second Language Learning and Language Teaching.* London: Edward Arnold.

COSERIU, E. (1982). *Teoría del Lenguaje y Lingüística* General. Madrid: Gredos.

ELLIS, R. (1985). *Understanding Second Language Acquisition.* Oxford: O.U.P.

ELLIS, R. (1994). *The Study of Second Language Acquisition.* Oxford: OUP.

ELLIS, R. (1997). *Second Language Acquisition Research and Language Teaching.* Oxford. O.U.P.

FREEMAN, D. (1998). *Doing Teacher Research.* Canada: Heinle and Heinle.

HALLIDAY, M. A. K. (1985). *An Introduction to Functional Grammar.* London: Arnold.

JAMES, C. (1998). *Errors in Language Learning and Use.* London: Longman.

KECSKES, I. and T. PAPP. (2000). *Foreign Language and Mother Tongue.* New Jersey: Erlbaum.

KRASHEN, S. (1982). *Principles and Practice in Second Language Acquisition.* New York: Prentice Hall International.

LARSEN-FREEMAN, D., and LONG, M. H. (1991). *An Introduction to Second Language Acquisition Research.* London: Longman.

LEWIS, M. (1993). The Lexical Approach. London: Language Teaching

LIGHTBOWN, P. and NINA SPADA. (1999). *How Languages are Learned.* Oxford: O.U.P.

LITTLEWOOD, W. 1992. *Teaching Oral Communication.* Oxford: Basil Blackwell.

LYONS, J. (1977). *Semantics.* Cambridge: Cambridge University Press.

LYONS, J. (1981). *Language and Linguistics.* Cambridge: Cambridge University Press.

MCLAUGHLIN, B. (1987). *Theories of Second Language Learning.* London: Edward Arnold.

NUNAN, D. (1999). *Second Language Teaching and Learning.* New York: Heinle and Heinle.

PIENEMANN, M. (1984). "Psychological constraints on the teachability of languages." *Studies in Second Language Acquisition,* 6, 186-214.

PIENEMANN, M. (1986). "Is language teachable? Psycholinguistic experiments and hypotheses. "*Australian Working Papers in Language Development,* 1/3.

SELIGER, H., and SHOAMY, E. (1989). *Second Language Research Methods.* Oxford: OUP.

SELINKER, L. and TOMLIN, R. S. (1986). "An empirical look at the integration and separation of skills in ELT." *ELT Journal,* 40/3.

TOLLEFSON, J. (1991). *Planning Language, Planning Inequality.* London: Longman.

TOWELLE, R., and R. HAWKINS. (1994). *Approaches to Second Language Acquisition.* Clevedon: Multilingual Matters.

VAN DIJK, T. (1980). *Estructura y Funciones del Discurso.* México: Siglo XXI.

WIDDOWSON, H. (1979). *Explorations in Applied Linguistics.* Oxford: Oxford University Press.

Printed by Books on Demand GmbH, Norderstedt / Germany